비트코인 수업

코린이가 **묻고** 세력이 **답하다**

비트코인 수업

코린이가 **묻고** 세력이 **답하다**

강기태(세력) 지음

M 국일증권경제연구소

최소한의 지식은 알아야만
기회를 잡을 수 있다

　몇 년 전 〈상식의 배반〉이라는 책을 읽으며 투자에 도전해야 겠다는 생각을 했습니다. 그 책에서는 투자 전문가와 비전문가의 투자 대결 사례가 소개되었는데요. 투자 전문가 집단 100명과 투자에 어느 정도 관심이 있는 비전문가 집단 100명에게 주식시장의 가격 예상을 맡겨보는 것이었습니다. 결과는 어땠을까요? 놀랍게도 결과는 비슷했습니다. 양 집단의 성과가 크게 다르지 않았던 것이지요.

　이것을 보고 저자는 결코 많은 지식이 투자의 성공을 담보하지는 않는다는 것을 배웠습니다. 반대로 투자 성공을 위해 딱히 많은 지식을 알아야 할 필요가 없다는 것도 깨달았죠. 실제로도 그랬습니다. 처음 가상자산 투자를 시작할 때의 저 역시 전문적인 지식을 갖고 있지 않았습니다. 소위 말하는 블록체인 업계 출신이 아니었으며 오히려 개발이나 IT 분야와는 거리가 먼 문과 출신이었습니다.

다만, 이 업계의 전반적인 흐름과 개념을 이해할 수 있을 만큼의 지식은 공부하였습니다. 그 최소한의 배경지식을 토대로 투자 의사결정을 하였고 50억 원의 수익을 달성할 수 있었습니다. 저뿐만이 아닙니다. 제 주변의 많은 투자자들 역시 최소한의 지식을 가지고 탁월한 성과를 낼 수 있었습니다.

투자 성공을 좌우하는 능력은 관련 분야의 전문지식이 아니며, 따라서 전문가가 되어야만 투자를 잘할 수 있는 것도 아닙니다. 투자를 잘하는 전문가가 있는 것이고 투자를 잘 못하는 비전문가가 있는 것이죠. 반대로 투자를 잘 못하는 전문가도 있고 투자를 잘하는 비전문가도 있습니다. 위에서 말한 투자 대결과 저와 제 주변의 사례처럼, 일반인도 최소한의 지식만 가지고 있다면 투자를 잘해낼 여지가 충분합니다.

그렇기에 더더욱 '투자판단을 위한 최소한의 지식이 무엇인가?'에 대해선 고민해볼 여지가 있습니다. 가상자산 투자시장에서는 매일같이 수많은 정보들이 정제되지 않은 채로 생산됩니다. 이것들 속에서 옥석을 가려내기 위해 우리는 무엇을 알고 있어야 될까요? 이 책은 독자님들을 가상자산 업계 전문가로 만들어내는 것이 아니라, 독자님들에게 투자 의사결정을 위해 필요한 최소한의 지식을 전달하기 위해 구성되었습니다.

투자란 무엇을 언제 매수하고, 언제 매도할지를 다루는 의사 결정의 미학입니다. 이 책에서는 지표·차트에 대한 기초 상식, 매수 종목 선정을 위한 가상자산 분야의 전반적인 지식, 시장 참여자들의 심리를 읽을 수 있는 방법을 알려드리기 위해 노력하였습니다.

이 책에는 가상자산 투자라는 부의 기회를 잡기 위한 최소한의 지식이 담겨있습니다. 한 명의 코린이(코인 + 어린이)가 가상자산 투자를 시작하고 갖게 되는 모든 궁금증을 해결할 수 있도록 구성했습니다. 중간중간 글과 그림만으로 이해하기 어려운 부분에 대해서는 유튜브 영상을 통해 보충하도록 하겠습니다.

가상자산 투자가 '100년에 한 번 오는 기회'라는 믿음에는 이견이 없습니다. 3차 산업혁명 시대의 중심에 IT 혁명이 있었다면, 현재 진행되고 있는 4차 산업혁명의 중심에는 블록체인 혁명이 있습니다. 산업혁명은 우리가 1세기 남짓을 살아가면서 한 번 겪을 수 있을까 말까 한 일입니다. 우리는 그 혁명이 진행되는 과정을 보고 있으며 그 과정 속에서 넘치는 기회를 맞이하고 있는 상황입니다.

가상자산은 세간에 변동성이 매우 큰 투자자산으로 통합니다. 하지만 가상자산의 발전 현황으로 보았을 때 결국 미래에는 가상자산도 전통금융과 공존하며 안정적으로 커갈 가능성이 큽니다. 그렇기 때문에 투자하는 것 자체에 문제가 있다고 볼 수는 없겠죠. 다만 문제가 되는 것은 '무리한 투자', '묻지마 투자', '투기'입니다. 단기적 변동성을 노리고 이런 방식의 투자가 만연하다 보니 대중에 가상자산 투자는 위험하다는 인식이 퍼진 것입니다.

일반적으로 건전하다고 인식되는 부동산 투자나 안전자산 투자처럼, 장기적으로 5-10년을 바라보고 접근한다면 가상자산 투자는 확실히 좋은 기회이자 좋은 투자가 될 수 있습니다. 즉 가상자산 투자의 위험성은 가상자산 자체에 문제가 있어서 그런 것이 아니라 가상자산을 대하는 사람의 인식이나 태도의 문제로 볼 수 있는 것입니다.

평소 투자에 대해 관심이 없고 여신 업무를 해보지 않은 사람들도 유독 가상자산에는 많은 빚을 끌어다가 투자를 진행합니다. 변동성이 큰 가상자산 시장에서 최소한의 지식과 투자에 대한 고민 없이 뛰어든 이들은 대부분 손해를 입기 마련이죠. 2017년도 가상자산 투자붐에서 많은 사람들이 돈을 잃었고 현재 2021년에도 투자 실패자들이 계속해서 발생하고 있는 실정입니다.

저자는 2019년 4월 투자를 처음 시작하여 투자 기간 2년 동안 250배의 수익을 낼 수 있었습니다. 하지만 앞서 말했듯 저자는 블록체인 전문가가 아닙니다. 가상자산에 대한 최소한의 지식과 투자 개념을 바탕으로 좋은 의사결정을 내렸고 엄청난 투자 성과를 낼 수 있었습니다.

저자는 가상자산이 얼마나 좋은 기회이고, 어떻게 그 기회를 잡았는지에 대해 서술한 이전 저서 〈서른살, 비트코인으로 퇴사합니다〉를 출판하며 베스트셀러 작가가 되었습니다. 하지만 전작은 투자에 필요한 직접적인 지식을 전달하기에 부족한 부분이 있었습니다. 그래서 독자님들께서 투자 결정을 하시기 위해 갖춰야 할 지식을 전달할 필요가 있다는 판단을 내려 이 도서를 집필했습니다.

100년에 한 번 오는 기회 앞에서 많은 투자자들이 초조해하고 있습니다. 기회가 곧 사라질지 모른다는 생각에 빠르게 수익을 내고자 정말 기초적인 부분조차 인지하지 않은 채 의사결정을 하는 모습을 보이고 있죠. 이러한 의사결정은 이성보단 감정에 입각한 의사결정이 될 확률이 높습니다. 이는 필연적으로 투자 실패로 이어지게 될 것입니다.

많은 초보 투자자들이 '최소한의 지식'을 습득하여 이 시장에서 성공적인 투자가 되었으면 하는 것이 제가 이 책의 저자로서 바라는 단 한 가지 마음입니다. 이 책이 많은 사람들에게 전해졌으면 좋겠습니다. 그리고 100년에 한 번 있는 이 기회 속에서 독자님이 투기꾼에서 투자자로 성장할 수 있기를 바랍니다.

Chapter **3**

코린이가 투자처 발굴을 위해 알아야만 하는 기초 12가지

Chapter

1

코린이가
가장 궁금해하는
쓸모없으면서도 중요한 질문
7가지

네 늦지 않았습니다. 가상자산 시
장은 이제 막 시작했습니다. 현재 가상
자산 투자시장은 비트코인 4년 반감 사
이클에 따라 상승장이 진행 중인 상황
입니다. 이번 상승 사이클에서 끝나는
것이 아니라 오랜 기간 전통 금융과 공
존하며 커갈 것입니다.

비트코인 반감 사이클

비트코인 채굴량이 반으로 줄어드는 시기다. 4
년마다 돌아오는 것으로 알려져 있으며 반감
기 직후 비트코인 가격이 상승하는 흐름을 보
였다. 역대 반감기는 2012년, 2016년, 2020
년에 있었으며 다음 반감기는 2024년으로 예
상된다. 비트코인의 총 발행량은 2,100만 개
로 현재는 약 1,800만개가 채굴되어 있으며
2140년이 되면 채굴이 종료될 예정이다.

그리고 앞으로 다가올 미래에서는 더 다양한 가상자산들이 생
길 것이고 많은 기업들이 투자에 참여할 것입니다. 테슬라에서 비트
코인을 매수했고, 한국 기업 넥슨에서도 비트코인 투자를 진행했습
니다. 넥슨은 비트코인에 투자한 이유를 아래와 같이 밝혔습니다.

넥슨 CEO 오웬 마호니의 비트코인 투자에 대한 글

최근 넥슨은 비트코인 약 1,717개를 개당 평균가 5만 8,226달러에 1억 달러(1,132억 원)의 금액으로 취득한 사실을 발표했습니다. 전 세계적으로 비트코인을 보유하고 있는 상장사는 많지 않기 때문에, 이번 결정에 대한 설명을 드리고자 합니다.

넥슨을 비롯해 여러 기업들은 '보유한 자산'을 활용하여 수익과 성장을 도모하고자 합니다. 이러한 자산은 공장, 사무실, 노하우, 특허 등 다양한 형태로 존재할 수 있으며, 가끔은 재무적인 자산의 형태로, 또 가끔은 다른 회사에 대한 지분의 형태로도 존재합니다.

넥슨의 경우 유형자산은 별로 많지 않습니다. 공장을 가지고 있거나, 부동산을 많이 보유하고 있는 것도 아닙니다. 하지만 IP 프랜차이즈와 가상세계를 만들고 관리하는 데 필요한 기술과 같은 중요한 무형자산을 많이 보유하고 있습니다. 아울러 상당한 금융자산도 보유하고 있습니다.

이 포스팅을 작성하는 시점을 기준으로, 넥슨은 50억 달러가 넘는 규모의 현금과 현금성 자산을 보유하고 있습니다. 주로 엔화, 달러화, 원화로 구성된 이 재원은 넥슨이 새로운 가상세계를 창조하거나, 기술 역량을 늘리거나, 다른 회사에 대한 인수·투자를 진행하는 데 있어 전략적이고 유연하게 대처할 수 있도록 해줍니다. 그런데 이러한 전략적 시기가 오기 전까지 돈을 은행에 넣어두면 매우 낮은 리스크로 낮은 이자 소득을 발생시킵니다. 현재의 저금리 상황에서는 인플레이션까지 고려하면 거의 아무런 소득도 가져다주지 못합니다.

심지어 위험성이 높지만 수익률이 높다고 여겨졌던 '정크본드'와 같은 투자수단조차 이제는 '보상 없는 위험'이 되었습니다. 또한 정부 지출과 부채 수준이 커지면서, 이자율이 아주 소폭만 상승해도 부채 상환이 전보다 더 어려워지는 상황이 되었습니다. 이에 중앙은행들은 국채를 구입하는 방식으로 정부에 저금리로 돈을 빌려주기 위해, 화폐를 발행하며 점점 더 부채를 '수익화'하고 있습니다. 미국은 지난 2020년 1월 이후 전보다 40% 더 많은 달러를 발행했습니다. 중앙은행이나 재무부 내부의 대화를 우리가 알고 있는 것은 아니지만, 이러한 상황이 가까운 시일 내에 바뀌지는 않을 것으로 예상됩니다.

넥슨은 이자율의 변동 방향을 예측하고자 하는 것이 아닙니다. 다만 주주분들의 자산에 대한 수탁자로서, 잠재적인 화폐 가치 하락 상황에서 우리는 넥슨의 현금 자산 구매력에 대해 진지하게 고민할 의무가 있기에 넥슨이 보유한 통화를 면밀히 살펴보았습니다. 이러한 환경 속에서 넥슨은 비트코인이 가치를 유지할 가능성이 높은 현금의 형태라고 생각했습니다. 비록 현재로서는 널리 인정받고 있지 못하지만 말입니다.

비트코인의 상세한 특성을 모두 나열할 필요는 없겠으나, 몇 가지 특이점을 언급하자면 첫째로 '구매력'입니다. 비트코인은 전체 물량이 2,100

만 개로 한정되어 있으며 이 중 85%는 이미 채굴되어 있어 현존하는 그리고 미래의 비트코인에 커다란 희소가치를 부여합니다. 보다 직설적으로 말하자면 가장 안정적인 통화에 가깝다고 볼 수 있는 것입니다.

둘째는 '네트워크 효과'로 인한 통화 가치 상승입니다. 통화의 가치는 해당 통화를 사용하는 사람이 많아질수록 높아집니다. 비트코인이 다른 통화에 비해 어떤 가치를 가지고 있는지 살펴보는 이들이 넥슨만이 아니라고 생각합니다. 이러한 이들이 많아질수록 그 가치는 상승할 것입니다.

셋째로 '유동성과 편리성'입니다. 적은 비용 혹은 간접비용으로 비트코인을 쉽게 보유하고 옮기고 거래할 수 있습니다.

넷째로 '혁신'입니다. 비트코인과 그 외 다른 암호화폐들의 근본이 되는 기술은 오늘날 우리 일상의 많은 측면에 영향을 미치고 있습니다. 결제, 디지털 수집품, 그리고 넥슨과 관련성이 있는 다양한 분야에서 말입니다.

물론 이러한 투자에 리스크가 따른다는 것도 이해하고 있기에 넥슨은 이에 대한 공부를 지속하고 있습니다. 현재 넥슨이 비트코인에 투자한 금액은 1억 달러로, 이는 넥슨이 보유한 현금 및 현금 등가물의 2%에 못 미치는 규모입니다. 비록 회계규정 상으로는 차이가 있지만, 넥슨은 비트코인을 달러, 엔화, 원화와 같은 현금자산의 하나로 판단하고 있습니다.

25년 전 온라인으로 연결된 가상세계가 엔터테인먼트 세계의 중심이 되리라는 아이디어가 세상에 처음 나왔을 때 이는 미친 소리처럼 들렸을 것입니다. 그 당시 합리적인 사람들은 '대체 누가 가상의 아이템을 돈 주고 사겠어?'라고 질문했을 것입니다. 하지만 오늘날 게임은 엔터테인먼트 세계의 핵심이 되었고 대부분의 대형 엔터테인먼트 기업은 이미 온라인 게임 사업에 뛰어들었거나 발을 들이려 하고 있습니다.

오늘날 자산을, 중앙정부가 통제하지 않는 비물리적 방식으로 저장하는 것(금을 가상 플랫폼에 저장하는 것과 같이)은 비주류적 방식으로 생각됩니다. 합리적인 이들은 이것이 과연 안전한 방법인지 물을 것입니다. 하지만 넥슨은 이 또한 그리 멀지 않은 미래에 주류 아이디어가 될 가능성이 크며, 더 많은 사람들 그리고 기업들이 '기존의 통화 체계에만 의존할 수 있는지, 새로운 방식을 받아들여야 하는 것은 아닌지'에 대해 자문하게 될 것이라고 생각합니다.

2021. 4. 28.

오웬 마호니 블로그 기고

〜〜〜〜〜〜〜〜〜〜〜〜〜〜〜〜〜〜

많은 기업들이 비트코인의 가치를 인정하고 받아들이기 시작했습니다. 코인의 가치란 더 많은 국가와 더 많은 사람들이 믿게 될 때 생기게 됩니다. 2020년 나스닥 상장기업 마이크로스트레티지의 비트코인 투자 이후, 많은 기업들이 비트코인 투자를 늘려나가고 있습니다. 최근에는 시가총액 2위인 이더리움에도 투자하는 기관들이 늘어날 정도로 점점 더 가상자산 투자에 참여하는 기관투자자가 늘고 있죠.

코인의 종류에 있어서도 앞으로 더 많은 가상자산들이 기관과 기업에 의해 투자를 받을 것입니다. 그리고 많은 개인투자자들의 관심 속에서 이 분야는 성장해나갈 것입니다. 그렇기 때문에 장기적 관점에서 가상자산 투자시장은 지금도 늦지 않았습니다. 빨리 관심을 가질수록 더 큰 기회를 잡을 확률이 높습니다.

코린이 노트

비트코인의 가치는 더 많은 사람과 국가가 믿을수록 커지게 된다. 그런 점에서 봤을 때 비트코인 투자시장은 이제 시작이다.

비트코인의 가치가
오르락내리락하는데
문제는 없을까요?

모든 자산은 오르고 내리기를 반복합니다. 비트코인의 경우 특히 급등락이 심하다는 얘기가 있습니다만 이것은 사실이면서도 오해인 부분이 있습니다. 언제나 비트코인은 가파르게 올라온 데 비해 하락은 적게 나왔기 때문입니다. 다음의 그래프는 주봉으로 본 비트코인의 10년 차트입니다.

비트코인 가격이 오르고 내리기는 했지만, 전반적으로는 굉장히 가파르게 우상향해왔다는 것을 알 수 있습니다. 대부분의 사람들은 2017년도 불장 이후 있었던 대하락을 많이 기억하지만, 막상 실제 가격 움직임을 들여다보면, 2015년 150달러 부근에 있던 비트코인이 2017년도 말에 1만 6,000달러까지 올랐던 것을 볼 수 있습니다.

2012년~현재 비트코인 차트

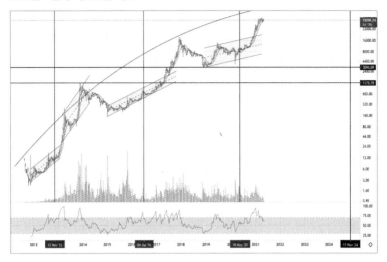

　　그리고 2019년도에 급락이 있었을 때조차 3,000달러까지만 내려왔죠. 2015년도와 비교하면 20배나 더 올라와있는 금액이었습니다. '등락이 크다'라는 말은 맞지만, 사실 아래로보다는 위로 더 급하게 올라온 자산이라는 점을 기억하셨으면 좋겠습니다.

　　현재 시장가격으로 약 5,000~6,000만 원 정도에 거래되고 있는 비트코인입니다. 처음 비트코인이 나온 지 얼마 안 되었을 때, 코인 하나당 10원이었던 시절이 있었습니다. 그 시절 많은 사람들은 '어떻게 비트코인 따위가 10원이나 해? 너무 비싸'라고 생각했습니다. 하지만 이젠 훨씬 더 웃돈을 주고 많은 사람들이 비트코인을 모으려 하고 있습니다.

맞습니다. 비트코인은 오랜 기간 의심 받아왔습니다. 하지만 결국 언제 그랬나 싶을 정도로 가격이 높게 치솟았습니다. 때문에 자산의 가격이 오르락내리락 하는 변동성 자제가 문제가 되진 않습니다.

코린이 노트

비트코인의 변동성이 큰 것은 사실이지만 지금까지의 전반적인 방향성은 높은 폭의 우상향이었다.

가상자산 중 무엇에 투자해야 하나요?

이 책이 나온 이유는 여러분이 이 질문에 스스로 답하기 위해 필요한 최소한의 지식을 알려주기 위함입니다. 투자에 대한 책임은 스스로에게 있으며, 투자 성공과 실패 모두 스스로 받아들여야 합니다. 그렇기 때문에 무엇에 투자해야 하는지 알아서 결정할 수 있어야 하는데, 가상자산 투자자들은 타인의 말이나 의견에 의존하는 경우가 많습니다.

이 책에 나와있는 정도만 완벽하게 이해한다면 충분히 올바른 의사결정이 가능합니다. 지식이 많다고 해서 투자를 잘하지는 않습니다. 주식투자에서도 해당 산업분야의 전문가가 해당 분야의 투자를 가장 잘하는 게 아닌 걸 볼 수 있습니다. 마찬가지로 블록체인 전문가가 반드시 코인 투자를 잘하지는 않습니다.

저자 역시 블록체인에 대한 전문가가 아닙니다. 투자에서 필수적으로 알아야만 하는 것들을 담아내기 위해 이 책을 펴내고 있으니, 끝까지 정독하신다면 어떤 투자처에 어떻게 투자할지에 대한 답을 내릴 수 있을 것입니다.

블록체인

P2P(Peer to Peer) 방식으로 연결된 네트워크상에서 각 참가자들이 상호 검증할 수 있게 하여, 데이터를 조작하거나 잘못된 데이터를 추가할 수 없도록 구성한 보안 시스템이다. 탈중앙화 가상자산을 발행하기 위한 기반이 되는 기술이다.

코린이 노트

투자를 위한 최소한의 지식이 있어야 투자 의사결정을 내릴 수 있다.

　　정답은 '가격이 저렴할 때 사야 하고 가격이 비쌀 때 팔아야
한다'입니다. 이 말을 보고 허무해하실 분들이 많을 것으로 예상
됩니다. 하지만 이것에 대해 모르는 사람은 아무도 없으면서도 이
말을 제대로 이해하고 실천하는 사람은 적습니다. 가격이 싸고 비
쌀 때를 어떻게 판단할 수 있을까요? 해당 물음을 해결하기 위해
서 월스트리트의 전설과 같은 투자자 하워드 막스의 말을 인용하
고 넘어가도록 하겠습니다.

　　"강세장의 3단계 중 1단계는 대단히 통찰력 있는 소수만이 상
황이 좋아질 것이라고 믿습니다. 2단계는 대부분의 투자자들이 상
황의 개선이 실제로 일어나고 있다는 사실을 깨닫습니다. 3단계는
모든 사람이 상황이 영원히 나아질 것이라고 결론지을 때 입니다".

1단계에서 매수하고, 3단계에서 매도하는 것이 해당 질문에 대한 대답일 수 있겠습니다.

저점 매수-고점 매도가 당연히 가장 좋겠지만 실질적으로 정확한 고점을 알기는 쉽지 않습니다. 하지만 마크 트웨인은 "역사는 그대로 반복되지 않지만 그 흐름은 반복된다"라고 하였습니다. 상승과 하락을 반복하는 자산시장의 역사 속에서 고점은 알 수 없어도 고점에 가까워지고 있다는 여러 가지 지표는 존재합니다. 여러 정황들을 살펴보며 제대로 된 매수와 매도를 해야겠습니다.

코린이 노트

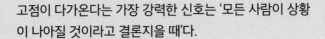

고점이 다가온다는 가장 강력한 신호는 '모든 사람이 상황이 나아질 것이라고 결론지을 때'다.

아직
들고 계신가요?

투자에서 굉장히 중요한 것은 의사결정에 감정을 빼는 것입니다. 타인의 의사결정을 무조건적으로 믿고 위안으로 삼아 버리면 점점 자기주도적인 의사결정을 내리기가 힘들어지게 됩니다. 타인의 의견은 늘 '참고만' 해야 합니다.

가상자산 시장은 새로운 분야이고 익숙한 사람이 적기 때문에 주식투자 등 타 자산 투자 경험이 많은 사람도 타인의 말에 의존하는 경우가 많습니다. 이 책을 통해 자기주도적인 의사결정을 할 수 있는 성숙한 투자자가 되셨으면 합니다.

투자의 기준이 타인의 관점에 의해 세워져서는 안 됩니다. 왜냐하면 타인의 관점으로 투자하는 투자자는 가격이 내려가거나 시장이 좋지 않은 상황이 될 때 반드시 감정이 흔들리기 때문입니다.

타인의 관점이란 늘 바뀔 수 있는 것이고 실시간으로 확인할 수 없습니다. 어제는 매수 관점이었던 그 타인이 오늘은 매도로 돌아섰을지도 모릅니다. 그런 상황에서 타인의 관점을 무조건적으로 모방하면 투자 실패 확률만 높아지며 무엇보다 마음 편한 투자를 방해합니다.

의사결정에 대한 책임의 주체는 본인입니다. 많은 투자자들이 의사결정을 타인에게 맡기려는 경향이 있습니다. 하지만 그 누구도 본인의 투자 결정에 책임을 져주지 않습니다. 코린이일수록, 잘 모르수록, 처음 시작하는 것일수록 본인의 생각과 주관으로 매수와 매도를 진행하는 것이 중요합니다.

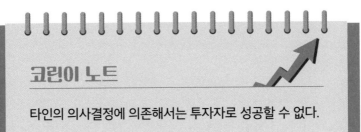

코린이 노트

타인의 의사결정에 의존해서는 투자자로 성공할 수 없다.

코린이가 궁금한 질문

06

평단이 얼마예요?

'평단'이란 평균단가, 코인을 매수한 평균 가격을 말합니다. 만약 저자가 비트코인 가격이 2,000만 원일 때 10개를 매수하고, 5,000만 원일 때 10개를 추가 매수했다면 저자의 비트코인 투자 평단은 3,500만 원이 되겠죠.

당연히 저렴하게 코인을 매수한 사람들의 마음은 상대적으로 편합니다. 하지만 자신의 평단이 낮다는 것이 그 자산을 지속적으로 들고 있을 이유가 되는 것은 아닙니다.

흔히 투자자들은 '여기서 자산이 올라가건 내려가건 어차피 나는 이득을 보고 있으니 계속 들고 있어야지'라고 생각합니다. 이런 식의 투자 판단은 코린이뿐만 아니라 웬만한 중수 투자자들에게서도 볼 수 있는 모습인데요. 이렇게 판단해서는 안 됩니다.

평균 단가가 언제이든 지금 가격이 저평가되어 있다는 판단이 내려진다면 들고 있어야 하고 그렇지 않다면 팔아야 합니다. 100만 원, 1,000만 원, 1억 원 비트코인을 얼마에 샀든지 매도에 있어서는 매수했던 가격을 머릿속에서 지워야한다는 의미죠.

그럼 현재 비트코인 가격이 1,000만 원이라고 가정하여 예시를 들어보겠습니다. A는 평단가가 4,000만 원이고, B는 500만 원입니다. 그럼 둘의 현재 수익률은 극명하게 나뉘겠지요? A는 투자금의 75%를 잃은 상황이고 B는 투자금을 두 배로 불린 상황입니다.

그렇다면 A는 투자금을 회복할 때까지 기다려야 하기 때문에 비트코인을 계속 들고 있어야 하고, B는 많은 이익을 보고 있는 상황이기 때문에 팔아야 할까요? 아니면 A는 많은 부분을 손해 봤기 때문에 매도해야 하고, B는 많은 부분에서 이익을 봤기 때문에 추가 매수를 할 수 있는 것일까요? 모두 아닙니다. 단지 현재 시점에서 A와 B는 각자 비트코인이 향후 오를 것인지, 내려갈 것인지에 대해서만 예상하고 그것에 집중하여 매수와 매도를 결정해야 한다는 것입니다.

즉 평단가가 얼마냐 하는 것은 모두 과거의 일이고 현재의 의사결정에 아무런 도움이 되지 않습니다. 투자에서 배제해야 할 심리적인 부분이란 이런 걸 말하는 겁니다. 이러한 부분을 배제하고 현재 가격이 저평가 구간인지 고평가 구간인지만 집중해 투자를 지속할지 말지 결정하는 것이 합리적입니다.

코린이 노트

손해 구간에 있는지 이득 구간에 있는지로 투자 판단을 내려선 안 된다. 오로지 자산의 가격이 현재 저평가인지 고평가인지만 신경 써라.

이 시장은
언제 끝나요?

이 질문에 대한 대답은 '안 끝난다'입니다. 2021년 5월에 국내 가상자산 거래소 중 하나인 업비트의 거래량이 코스피 전체 거래량을 넘기는 일이 있었을 정도로 현재 가상자산 시장은 커져가고 있습니다. 비트코인, 이더리움, 리플 외에도 수많은 가상자산들이 탄생하게 되었고 디파이나 NFT 등 코인 투자시장에 있지 않은 사람들은 무슨 말인지도 모를 수많은 사업들이 생겨났습니다.

그 중 가장 빠른 성장속도를 보이는 분야는 '디파이'입니다. 2021년 3월 전 세계 디파이 예치금액(Total Value Locked)은, 2020년 3월 5.6억 달러 대비 약 75배 상승하여 418억 달러에 달했습니다. 2018년, 2019년의 성장 정도와 비교하면 더욱 빠른 성장세임을 알 수 있습니다.

지금까지 몸풀기로 가상자산 투자에 앞서 궁금한 7가지 기초적인 질문과 그 답변을 살펴봤습니다. 가상자산 투자를 시작할지 말지 고민하는 분들에게 좋은 답이 되었으리라 생각합니다.

Chapter 2는 가상자산 투자자로서 알아야만 하는 기초적인 이야기를 담아냈습니다.

코린이 노트

가상자산 투자시장의 규모는 점차 커지고 있으며 주식, 부동산 등의 다른 자산처럼 역사가 지속될 것이다. 그리고 그 안에서 새로운 기회는 더 많이 생겨날 것이다.

Chapter

2

코린이가 가상자산에 대해 알아야만 하는 기초 12가지

08

비트코인의 가치가 무엇인가요?

비트코인은 실체가 없는데 그걸 어떻게 믿고 투자하냐는 이야 기를 많이 합니다. 하지만 그렇다면 우리가 믿고 쓰고 있는 법정 화폐는 과연 실체가 있는 것인지 돌아볼 필요가 있습니다.

우선 화폐의 가치가 생기는 이유를 생각해보아야 합니다. 비 트코인이 실체가 없다면 우리가 쓰는 만 원짜리 지폐는 실체가 있는 것일까요? '만 원의 실체는 무엇이냐?'라는 질문에 '만 원의 실체는 만 원짜리 지폐이지 않냐'는 정도의 반론밖에 제기할 수 없을 겁니다. 조금만 더 생각해보면 만 원이라는 화폐의 가치 역 시, 사회가 합의했고 언제 어디서나 합의가 이뤄질 것을 우리 모 두가 믿고 있기에 발생하는 것입니다.

그리고 그 약속에 대해 보증해주는 것은 정부입니다. 결국 정부의 신용이 우리나라 지폐 만 원의 가치를 보증해주는 것인데요. 물론 그런 일은 없을 것이고 일어나서도 안 되겠지만 우리나라가 망하면 어떻게 될까요? 보증해주는 주체가 없어지기 때문에 원화에 대한 믿음도 사라지게 됩니다.

이에 반해 비트코인의 가치는 누구도 보증해주지 않습니다. 비트코인을 비롯한 가상자산들은 정부의 보증에 신뢰의 기반을 둔 원화랑은 달리, '코드의 보안'에 신뢰의 기반을 둡니다. 여기서 말하는 코드는 비트코인이라는 가상자산 네트워크가 운영되는 시스템입니다. 비트코인 채굴자들의 컴퓨팅 리소스로 구동되죠.

비트코인 네트워크 운영 구조

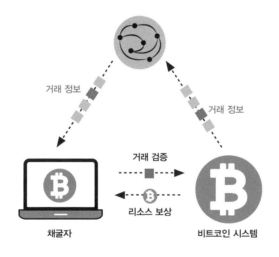

출처 : 자바T포인트

코드의 내용은 모두에게 공개되어 있으며 누구도 코드를 변경할 수 없게 설계되어 있습니다. 전 세계 사람들 사이에서 합의된 프로토콜이라고 할 수 있죠. 이러한 시스템의 투명성과 보안성으로 인해 비트코인 탄생 이후 12년 동안 그 가치를 믿는 사람들이 증가하다보니 가격이 상승하게 되었습니다.

비트코인이 가치가 있는 이유는 '앞으로도 비트코인에 대한 수요는 늘어날 것이고 비트코인의 공급량을 줄어들기 때문이다'라고 할 수 있습니다. 비트코인에 관심을 가지게 될 사람과 가지고 싶은 사람은 점점 늘어나는데, 그 수량은 한정되어있고 시장에 풀릴 수 있는 양은 2,100만 개로 제한되어 있기 때문입니다.

결론적으로 가치라는 건 사람들이 그것을 믿을 때 생겨나는 것입니다. 비트코인이 가치가 있는 이유는 많은 사람들이 비트코인의 가치를 믿기 시작했기 때문입니다.

코린이 노트

법정화폐의 가치는 정부에 대한 믿음으로부터 생겨나는 반면 비트코인의 가치는 공개된 코드의 신뢰성과 투명성으로부터 생겨난다.

비트코인은
왜 만들어졌나요?

비트코인은 신원 불분명의 프로그래머 '나카모토 사토시'의 백서로부터 탄생했다고 전해집니다. 백서에는 비트코인 네트워크 구현의 필요성과 그 결과 그리고 구현을 위한 금융적, 컴퓨터 공학적 원리가 기술되어 있었죠. 나카모토 사토시는 수백 명의 암호학 전문가들에게 자신의 백서를 메일로 보냈습니다.

2008년은 미국발 금융위기로 인해 현대 금융시스템에 대한 불신이 팽배해진 시점이었는데요. 이에 맞춰 2009년 비트코인은 '탈중앙화'를 목표로 기존 화폐와 금융시스템에 대한 대안으로 탄생했습니다. 크나큰 변동성으로 인해 '사기, 투기, 도박'이라고 여겨졌던 비트코인에 대한 부정적인 평가와는 별개로, 비트코인은 기존 제도권 금융시스템의 문제를 개선하고자 탄생했던 것이죠.

사토시가 보내온 메일의 제목은 'bitcoin P2P e-cash paper'로 직역하면 '비트코인, 개인간 거래 전자현금 백서'입니다. 메일의 서문은 '제3의 신용기관이 필요 없이 완전히 개인간의 거래가 가능한, 새로운 전자화폐 시스템을 개발해오고 있다'라는 것이었습니다. 이 사토시라는 사람의 정체는 아직까지도 미스터리인 상태입니다. 사람이 아니라 컴퓨터라는 이야기도 있고 한 집단이라는 이야기도 있습니다.

여기서 주목해야 할 것은 이전부터 암호화폐에 관심이 많은 연구자들과 금융기관들이 있었다는 점입니다. 암호 및 보안 전문가들은 1990년대 초부터 인터넷 커뮤니티 '사이퍼펑크'에 모여 전자화폐에 대한 수많은 논의와 시도를 해왔습니다. 이들이 암호화폐 기술에 몰두했던 것은 익명성을 지닌 금융 결제 방법을 구현하고자 했기 때문입니다.

중앙기관(기업, 은행)을 통해 금융 결제가 이루어질 때는 우리의 소비 패턴과 정보가 모두 데이터 상에 남게 되는데, 사이퍼펑크는 이러한 시스템에 불만을 느꼈고 소비에 대한 프라이버시가 존중되고 보호되어야 한다고 생각했죠. 이들은 매주 모임을 열어 그들만의 커뮤니티를 발전시켰고 개인의 사생활을 보호하기 위한 금융시스템을 구현할 방법을 집중적으로 연구했습니다.

그러던 중 개인간 직거래가 가능한 새로운 개념의 자산을 소

개하는 나카모토 사토시의 메일이 도착하자 이들의 이목을 끌었던 것입니다.[*]

즉 비트코인이란 자산은 어느날 나카모토 사토시에 의해 '짠' 하고 나타난 것이 아니라 나름의 학술적 역사와 전통 속에서 나온 결과물인 셈입니다. 해당 분야에 대해 연구해오던 사람들 사이에서 그 개념이 탄생했고 점차 발전해 나카모토 사토시에 의해 완성되었다고 볼 수 있습니다.

그러던 중 2008년 금융위기가 발생했고 사람들은 은행이라는 시스템과 국가의 신용 보증이 결코 개인의 자산을 완벽하게 보호해주지 못한다는 걸 깨닫게 됩니다. 이때 현대 금융시스템과는 전혀 다른 방식으로 가치를 만들어내는 새로운 자산이 등장했으니, 바로 비트코인이었던 것이죠.

코린이 노트

비트코인은 중앙기관의 금융시스템을 대체하고자 만들어졌다.

---

[*]   넥스트머니 고란 저, 2018

흔히 비트코인이 '블록체인 1.0'이라고 한다면 이더리움은 '블록체인 2.0'이라고 합니다. 이더리움의 블록체인 기술은 여러 비즈니스 분야에 접목될 수 있도록 업그레이드되어 있죠. 이더리움의 가장 큰 특징이면서도 블록체인 1.0과 블록체인 2.0의 가장 큰 차이인 부분은 바로 '스마트 계약(Smart Contract)'입니다.

스마트 계약은 합의 프로세스를 컴퓨터 프로그램으로 자동화시켜서 계약을 맺는 것을 말합니다. '코드가 곧 법'이라는 스마트 계약의 원칙이 그 성격을 잘 설명해주는데요. 말 그대로 코드대로 모든 것들이 작동되기에 계약에 강제성과 신용이 생겨나는 것이죠.

적힌 코드대로 프로그램이 가동되면 계약이 성사됩니다. 그리고 이렇게 맺은 계약의 당사자들은 상대방이 과연 믿을 만한 사람인지, 중간에 신뢰를 보증할 제 3자가 필요한지, 계약이 안전하게 처리됐는지를 고민할 필요가 없어지게 됩니다. 모든 과정이 코드에 따라 자동적으로 이루어지기 때문이죠.

부동산 계약을 맺는 경우를 생각해봅시다. 기성 방식대로 부동산 거래를 한다면 아파트를 처분하려는 사람과 구매하려는 사람은 제3자인 공인중개사를 두고 계약서를 작성해야 합니다. 그리고 그것을 진행하기 위한 만남이 필요할 것이고요. 하지만 이 모든 과정을 스마트 계약으로 처리해버린다면 공인중개사의 개입 없이 더욱 신뢰할 수 있는 시스템으로 계약을 성사시킬 수 있게 됩니다.

스마트 계약은 1세대 블록체인인 비트코인에서도 구현되어 있긴 합니다. 하지만 간단한 금융거래 정도만 가능할 정도로 매우 제한적이기에 이더리움에 비할 바가 못됩니다. 이더리움 창시자인 비탈릭 부테린이 쓴 이더리움 백서의 '차세대 스마트 계약'이라는 용어만 봐도 이더리움 스마트 계약의 자유도를 알 수 있습니다.

스마트 계약은 우리가 기존에 알고 있던 계약 이상의 일을 할 수 있습니다. 예를 들어 비즈니스의 전 과정을 코드로 집어넣은 스마트 계약을 맺는다면 더 이상 해당 비즈니스에서는 착복과 같은 경영 비리가 일어날 수 없겠죠. 이것이 블록체인이란 분야가

혁신적이라 불리는 이유입니다. 기존 사회의 비효율적인 부분을
효율적으로 만들어 주기 때문입니다.

이더리움 생태계

출처: 더 블록

　　실제로 이더리움의 스마트 계약 기능을 바탕으로 수많은 비즈
니스가 생겨나고 있습니다. 각 비즈니스마다 해당 생태계에서 사
용할 토큰을 발행하는데 이를 이더리움 기반 토큰이라 부릅니다.

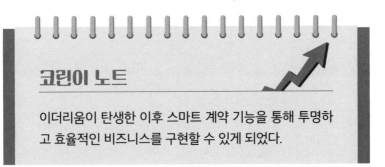

코린이 노트

이더리움이 탄생한 이후 스마트 계약 기능을 통해 투명하
고 효율적인 비즈니스를 구현할 수 있게 되었다.

ERC-20은 'Ethereum Request for Comment-20'의 약자로 'ERC'는 이더리움 네트워크를 의미하며 '20'은 이더리움 블록체인 네트워크에서 발행하는 토큰에 요구되는 표준의 버전이라고 생각하시면 됩니다. 이더리움을 기반으로 한 토큰들이 무수히 생겨나고 있는 가운데 거기서 생기는 문제들을 방지하기 위해 정한 '룰'이라 할 수 있죠. ERC-20은 그 표준 중 하나입니다. ERC-20도 있고 ERC-11도 있고 ERC-1115도 있지만 ERC-20이 가장 범용화되어 있습니다.

이더리움 발행 표준을 정의한 인물은 바로 이더리움의 창시자 비탈릭 부테린과 파비앙 보겔스텔러입니다. 이러한 표준을 만든 이유는 토큰끼리의 '호환 문제점'을 방지하기 위함인데요. 예를 들어 ERC-20을 기반으로 만든 토큰들은 ETH(이더리움)으로 상호 교환이 가능하며 이더리움 기반의 지갑으로 전송이 가능하다는 특징을 지닙니다. ERC-20 환경은 상대적으로 토큰 개발자들이 개발을 하기 쉽기 때문에 ICO를 진행하는 많은 회사들이 ERC-20 표준을 채택하고 있습니다. ERC-20 토큰 중에는 대표적으로 이오스, 퀀텀, 트론 등이 있었지만, 이들은 지금 자체 메인넷을 출시하여 독립적인 코인으로 탄생하였습니다.

투자하시면서 ERC 버전과 관련해 염두해둬야 할 부분은 호환되지 않는 버전의 네트워크 간에 오입금이 일어날 경우 해당 코인을 찾지 못한다는 점입니다. 이밖에도 서로 다른 메인넷에서 구현되고 있는 같은 종류의 토큰들이 호환되지 않는 경우가 있습니다. 예를 들어 어떤 토큰을 이더리움의 ERC-20 표준을 사용하고 있는 지갑에서 클레이튼 네트워크를 사용하는 지갑으로 잘못 전송했을 경우엔 토큰을 못 찾게 됩니다. 그래서 네트워크를 전환하는 '브릿지' 역할을 하는 인터체인 관련 코인인 코스모스(ATOM)나 폴카닷(DOT) 등이 각광받는 것입니다.

코린이 노트

ERC-20이란 이더리움을 기반으로 발행된 토큰 사이에 발생할 수 있는 문제점을 방지하기 위해 설정된 규칙이다.

토큰과 코인의
차이는 무엇인가요?

토큰과 코인의 차이점을 알기 위해서는 '메인넷'이라는 개념을 알고 있어야 합니다. 메인넷이란 어딘가에 종속되지 않은 블록체인 네트워크를 말합니다. 메인넷을 통해 발행된 가상자산은 독립적인 블록체인 네트워크 시스템을 갖게 됩니다.

토큰과 코인의 가장 큰 차이는 메인넷의 존재 여부입니다. 메인넷이 구축되어 있으면 코인이고 메인넷이 없으면 토큰입니다. 우리가 흔히 알고 있는 이더리움, 비트코인, 리플 등이 모두 메인넷을 보유한 가상자산, 즉 코인입니다. 토큰은 자체 메인넷을 보유하지 않아, 이미 메인넷을 구축한 블록체인의 생태계에 기생하는 형태의 가상자산을 말하는 것입니다. 어떤 토큰이 원활하게 거래가 되고 그 사용 목적에 맞게 안정이 되면 독자적인 메인넷을 구축하여 빠져나오기도 합니다.

메인넷을 가지고 있다는 것은 그만큼 개발진의 역량이 좋다는 것과 운영진의 자본력이 충분하다는 것을 입증해 줍니다. 또한 다른 메인넷에 기생하지 않고 독자적인 메인넷을 구축한 코인은 다른 기생 토큰을 유치하여 독자적인 생태계를 일궈낼 확률이 높다는 것도 보여줍니다.

그렇다보니 보통 시장에서 토큰이 메인넷을 구축한다는 이야기가 돌면 호재로 작용하는 경우가 많습니다. 현재 메인넷을 가진 코인 중에서는 이더리움이 가장 큰 생태계를 형성하고 있습니다.

코린이 노트

독자적인 블록체인 네트워크를 가지고 있으면 코인, 다른 가상자산의 블록체인 네트워크에 기생하고 있다면 토큰이다.

이더리움이 PoW에서 PoS로 전환한다는데 그게 무엇인가요?

비트코인과 이더리움은 작업증명(Proof of Work ; PoW) 방식의 거래내역 검증 및 신규 코인 분배 알고리즘을 가지고 있습니다. 흔히 가상자산 채굴이라 불리는 과정이죠. 가상자산 채굴은 알고리즘에 따라 무작위 해시값으로 변환시켜 놓은 거래기록 데이터를 채굴자들이 일일이 찾아 도출하는 방식으로 이뤄집니다. 채굴자들이 컴퓨터 연산을 통해 블록 해시값을 찾으면 새로운 블록을 추가하는 작업이 완료됩니다. 해시값을 찾은 이에게는 보상이 주어지죠. 좀 더 쉽게 이야기하자면 복잡한 연산식이 있고 그걸 더 많은 컴퓨터를 통해 답을 먼저 찾으면 보상을 받게 되는 것입니다. 이것이 작업증명 알고리즘에서 말하는 채굴입니다.

해시값(Hash Code)

해시 함수란 다양한 길이를 갖는 데이터를 고정된 길이의 데이터로 매핑해주는 기능을 말하며, 이 기능에 따라 고정된 길이의 데이터로 매핑된 값들을 해시값이라 한다.

하지만 이런 작업증명 방식은 컴퓨터 성능이 발달하고 경쟁이 심해짐에 따라 컴퓨팅 자원 낭비와 에너지 소모가 심해지는 단점을 보이기 시작하였습니다. 그러다보니 비교적 전력 소비가 덜 필요한 검증 알고리즘이 필요해졌지요.

지분증명(Proof of Stake ; PoS) 방식은 블록체인 네트워크의 참여자들의 자산의 지분을 바탕으로 거래내역을 검증하는 알고리즘입니다. 가상자산을 보유한 지분율에 비례하여 거래 검증(의사결정) 권한을 주고 추가 채굴 코인을 발행해주는 알고리즘인 것입니다. 주주총회에서 주식 지분율에 비례하여 의사결정 권한 및 배당금을 주는 것과 유사합니다.

이더리움도 PoW에서 시작했지만 현재 PoS 방식으로 전환 중에 있습니다. 복잡한 블록체인 연산을 쉽고 빠르게 할 수 있기에 이더리움 생태계의 목표 중 하나로 준비되고 있죠. 지분증명을 사용하는 블록체인으로는 에이다(ADA), 퀀텀(QTUM) 등이 있습니다.

코린이 노트

PoW는 전력 소모가 큰 블록체인 알고리즘이기에, PoS 방식으로 전환하는 프로젝트들이 생겨나고 있다.

백서가
무엇인가요?

현재의 가상자산 업계에서 '백서(White Paper)'란 가상자산 발행사가 콘셉트와 기술 등 코인의 모든 것에 대해 서술해놓은 일종의 '사업계획서'를 말합니다. 투자를 진행하기 전에 반드시 읽어봐야 하는 것이라고 말씀드릴 수 있지요.

백서에는 사업화할 블록체인 기술과 비용 조달 방법에 관련된 구체적인 내용을 명시하는데, 이것은 주식투자로 말하자면 기업공개(IPO) 과정에서 발행하는 증권신고서와 유사합니다. 발행사가 백서를 홈페이지에 게재하면 투자자들은 이 백서를 보고 수익성을 판단해 투자를 결정할 수 있습니다.

하지만 정말 많은 일반 투자자들이 해당 가상자산의 백서조차 제대로 읽지 않고 투자하곤 합니다. 최근 '스캠' 혹은 '먹튀' 논란에 있는 가상자산들 중에서는 백서조차 제대로 만들지 않은 경우가 많았는데 백서를 제대로 읽어보는 투자자들이 많았다면 피해를 줄일 수 있었겠죠.

백서를 통해 자금조달, 발행량 등을 면밀히 살펴보고 투자하는 것은 기본 중의 기본입니다.

코린이 노트

백서는 투자하기 전 반드시 읽어봐야 하는 것으로 해당 가상자산의 사업계획서라 할 수 있다.

15

CBDC란 무엇인가요?

CBDC란 중앙은행을 뜻하는 'Central Bank'와 가상자산을 뜻하는 'Digital Currency'를 합친 용어로 비트코인 등 민간 가상자산과 달리 각국 중앙은행이 발행하는 디지털 화폐를 말합니다. 중앙은행들은 실물 화폐를 대체하거나 보완하기 위한 목적으로 CBDC를 발행하려 하고 있습니다. CBDC를 준비 중인 대다수 국가의 계획에 따르면 CBDC는 디지털 지갑에 돈을 넣고 다니다가 실물 화폐와 같이 물품·서비스 구매 시 사용할 수 있습니다.

분산원장기술

데이터 관리 및 보안을 중앙 서버에서 하는 중앙집중 원장기술과 반대로, 분산된 네트워크의 참여자들이 데이터를 공유하고 계속 동기화하여 유지하는 보안 구현 방식이다. 블록체인의 핵심 개념 중 하나이다.

CBDC는 기존 법정통화와 1 대 1로 교환이 가능하며 중앙은행이 블록체인의 분산원장기술을 활용하여 자산의 가치를 보증한다는 점에서 비트코인 등의 민간 가상자산보다 훨씬 안정성이 높고 변동성이 적을 것으로 보입니다. 물론 그런만큼 투자자산으로서 가치는 없겠죠.

CBDC는 전자적 형태로 발행되므로 현금과 달리 거래를 투명화할 수 있어서 탈세나 불법 자금 등을 더 쉽게 추적할 수 있는 화폐 형태로 발전해 나갈 것으로 예상됩니다. CBDC 사용이 늘어날수록 실물 화폐의 발행·폐기 비용은 절감되며 거래의 신속성이 높아질 것으로 기대되고 있죠.

중국 중앙은행인 인민은행은 달러 중심의 국제 금융질서를 재편한다는 목적으로 2014년부터 디지털 화폐를 연구하기 시작해 이 분야에서 상당히 앞서 있습니다. 2022년 베이징 올림픽에서 외국인을 대상으로 디지털 위안화를 시범 사용하게 할 계획을 갖고 있습니다.

코린이 노트

CBDC는 가상자산의 기술적 이점은 가지면서도 각국 중앙은행에 의해 가치가 보장받는 디지털 화폐다.

CBDC가 생기면 비트코인은 사라지는 것 아니에요?

세계 각국 중앙은행들이 디지털 화폐 연구에 나서고 시범 발행을 하기 시작하면서 CBDC에 대한 관심이 커지고 있습니다. 우선 CBDC는 기존 현물 화폐와 달리 새로운 기능을 더 수행할 수 있습니다. 바로 가상자산의 통화 분배 기능을 활용해 CBDC 보유자에게 이자를 지급하는 방식으로 통화를 발행할 수 있다는 점입니다.

기존 현물 화폐는 그 자체로 이자를 발생시킬 수 있는 기능이 없다는 걸 아실 겁니다. 반면 CBDC는 가상자산이기에 마치 지분증명 방식의 민간 가상자산에서 채굴량을 분배하는 것처럼 보유자에게 이자를 지급할 수 있게 됩니다. 기존 실물 화폐 생태계에서 중앙은행이 시중에 통화를 공급하고 싶을 땐 채권을 사들이 거나 시중은행에 자금을 공급하는 간접적인 방식을 사용해야 했습니다. 반면 CBDC가 활성화된 경제 체제에서는 중앙은행이 시중에 통화를 공급하고 싶을 땐 현금 보유자의 지갑에 직접 통화를 지급할 수 있게 됩니다.

이는 반대의 경우도 가능케 합니다. 예컨대 경기침체가 심화된 상황이라면 내수촉진을 위해 CBDC에 마이너스 금리를 부과해 소비를 진작시킬 수 있습니다. 국민들은 가만히 있는 것만으로도 마이너스 금리로 인해 돈이 줄어들다보니 소비욕구를 강하게 느끼게 되겠죠. 다만 이런 CBDC 체제에서는 중앙은행이 시장금리를 전부 결정하게 되어 너무 강력한 권력을 지니게 된다는 우려가 나옵니다.

CBDC와 민간 가상자산의 차이는 극명합니다. 민간 가상자산의 경우 발행 규모가 사전에 결정된 경우가 많으며 화폐의 가치는 대부분 시장에 의해 맡겨져 있습니다. 그래서 민간에서 발행한 가상자산은 수요와 공급에 따라 변동성이 매우 큽니다.

반면 CBDC의 경우 개인의 용처와 거래량을 각국 정부나 중앙은행이 완벽하게 파악할 수 있게 합니다. 이는 기존 실물 화폐를 쓸 때보다 더더욱 국가가 개개인의 삶을 통제할 수 있게 된다는 우려로 이어지기도 합니다.

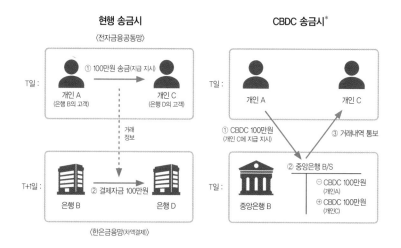

현행 송금시 〈전자금융공동망〉

T일 : ① 100만원 송금(지급 지시) → 개인 A (은행 B의 고객) 개인 C (은행 D의 고객)

거래 정보

T+1일 : ② 결제자금 100만원 → 은행 B 은행 D

〈한은금융망(차액결제)〉

CBDC 송금시*

T일 : 개인 A 개인 C

① CBDC 100만원 (개인 C에 지급 지시) ③ 거래내역 통보

T일 : 중앙은행 B ② 중앙은행 B/S
⊖ CBDC 100만원 (개인A)
⊕ CBDC 100만원 (개인C)

* 단일원장방식을 가정

자주 비교되지만 CBDC와 민간 가상자산은 대립관계가 아닙니다. 새로운 것이 기존의 것을 대체하려면 새로운 것이 기존의 역할을 수행할 수 있어야겠죠. CBDC가 민간 가상자산의 역할을 다할 수 있을까요?

'그렇지 않다'는 게 수많은 전문가들의 의견입니다. CBDC는 중앙은행이 발행하는 화폐로 비트코인이 탄생할 때부터 논의되어온 '중앙화된 통화의 단점'을 그대로 가지고 있는 통화입니다. 한편 민간 가상자산들은 탈중앙화를 기반으로 하죠.

또한 CBDC의 경우 블록체인 기술을 쓰긴 하지만, 중앙은행과 일부 금융기관만 거래 데이터를 확인할 수 있는 '프라이빗 블

한국은행의 CBDC 설계 방안

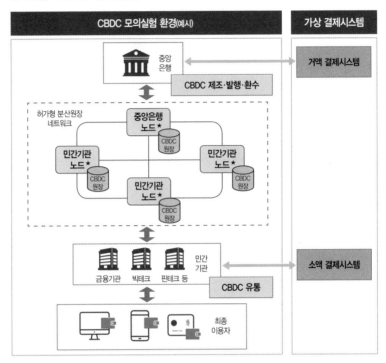

★ CBDC 원장을 기록·관리하는 서버이며, 기존 거액 결제시스템과는 별도로 설치하여 운영
   기존 거액 결제시스템 참가기관이 노드가 되지 않는 경우도 있을 수 있음

프라이빗 블록체인을 기반으로 한 허가형 분산원장 네트워크를 구상하고 있다 / 출처 : 한국은행

록체인'을 씁니다. 반면 비트코인이나 이더리움은 누구나 거래 데이터를 확인할 수 있는 '퍼블릭 블록체인'을 기반으로 합니다.

자금이 어떤 지갑 주소로 얼마나 들어갔는지를 누구나 확인할 수 있다는 건 퍼블릭 블록체인을 기반으로 하는 가상자산들의 큰 특징입니다. CBDC와 민간 가상자산은 기술적 형태만 비슷할 뿐 존재 이유부터 다른 것입니다.

아담 백(Adam Back) 블록스트림 CEO가 지난 2019년 코인텔레그래프와 진행한 인터뷰를 보면 이런 관점이 잘 드러납니다. 그는 다음과 같이 말했습니다. "암호화폐의 장점은 검열에서 자유롭고 탈중앙화되어 있다는 것이다. 중국의 중앙화된 CBDC는 사용자에게 매력적이지 않을 것이다".

비트코인처럼 탈중앙화를 구현한 가상자산은 특유의 익명성과 검열 저항성 때문에 CBDC의 등장에 구애받지 않고 존재가치를 지닌다는 설명입니다. CBDC와 비트코인은 개념적으로 완전히 다른 것이고, 서로 직접적인 관계가 없습니다.

오히려 CBDC가 정착, 성장할수록 개인의 소비는 모두 정부에게 관리될 것이고 그 때문에 '탈중앙화'를 목표로 나온 비트코인의 가치는 더욱 증가할 것으로 예상됩니다.

또한 CBDC가 상용화되면 '실물이 없으면 가치가 없다'고 믿는 가상자산에 대한 현재의 부정적 인식을 일소시켜줄 심리적 기제가 됩니다. 사람들은 CBDC를 사용하면서 민간 가상자산에 가졌던 이러한 막연한 불신도 자연스레 접겠죠.

일상적으로 말하는 실체 혹은 가치라는 것이 사람들의 믿음으로 여겨진다는 사실을 많은 사람들이 깨닫게 될 것입니다. 그리고 이런 시대적 흐름이 비트코인의 수요를 더욱 증가시킬 것입니다.

따라서 CBDC가 생기면 비트코인이 사라지는 것이 아니라, 더욱 가치가 있어질 것으로 보는 것이 타당합니다.

코린이 노트

CBDC는 향후 가상자산과 공존할 것이고 비트코인의 가치를 더욱 올릴 것이다.

가상자산은
왜 필요한 거예요?

　　지금의 화폐를 두고 왜 굳이 가상자산을 사용해야 할까요?
앞에서 몇몇 이유를 말씀드리기도 했습니다만 아직 '지금도 편한
데 굳이 왜?'라고 생각하는 분들도 많을 겁니다. 인류 역사를 살
펴보면 변화는 언제나 좀 더 효율적인 방향으로 있어왔다는 걸
알 수 있습니다. 인터넷이 없었던 때에도 사람들은 잘 살았지만,
인터넷이 생기고 나서 인터넷은 우리의 삶을 조금씩 변화시켰고
이제는 우리 모두 인터넷 없이 살 수 없게 된 지경에 이르렀죠.

　　1990년대 빌 게이츠는 한 예능 방송에 출연한 적이 있습니
다. 방송의 MC는 빌 게이츠와 인터넷에 대한 질의응답을 하면서
'.COM이 무엇이냐?'고 빌게이츠에게 묻는데요. 그에 대해 빌게
이츠는 '상호작용이다'라고 설명을 합니다. 인터넷을 이해하지 못

하는 MC는 이러한 답변에 대해 '상호작용이 어떻게 세상을 바꾸냐?'며 관객들과 함께 웃어넘겼습니다. 블록체인 또한 현재로서는 세상을 어떻게 바꿀지 가늠조차 되지 않기에 무시당하는 신세입니다. 그러나 언젠가는 세상을 효율적으로 진보시켜나가겠죠. 그러한 발전 가능성을 직시했다면 더욱 매력적인 투자처라고 생각합니다.

가상자산은 기존의 법정화폐가 하지 못한 많은 것을 할 수 있습니다. 앞으로 더 많은 기업들이 고객을 유치하기 위한 수단으로 가상자산을 활용할 것으로 보입니다. 사용자들이 자발적인 참여를 통해 앱과 플랫폼 등 기업의 서비스 생태계에 기여를 하면, 그것에 대한 보상으로 가상자산을 지급하는 형태가 일반적입니다.

대표적인 가상자산 SNS 플랫폼인 스팀잇은 글을 쓰고, 흔히 말하는 '좋아요'를 받으면 가상자산 '스팀 (STEEM)'을 받을 수 있습니다. 스팀잇에서는 사용자가 단순한 소비자가 아

> **프로슈머**(Prosumer)
>
> 1980년 미래학자 엘빈 토플러가 그의 저서 <제3의 물결>에서 정의한 용어다. 전문가 'Professional'과 소비자 'Consumer'의 합성어다. 토플러는 21세기에는 생산자와 소비자의 경계에 있는 프로슈머가 득세하리라 예견했다.

닌 기업의 생산에 참여하는 소비자인 '프로슈머'가 되는 것이죠. 이미 유튜브, 트위터와 같은 기존 SNS에서도 이러한 보상체계를 갖추긴 했습니다만 기성 화폐로 보상을 지급하는 것과 가상자산으로 보상을 지급하는 데에는 큰 차이가 있죠. 블록체인을 기반으로 한 가상자산으로 보상을 하면 다양한 이점이 있습니다.

만약 블록체인 기반의 보상체계를 갖춘 영상 플랫폼이 있다고 가정하고 이를 현재의 유튜브와 비교한다고 해봅시다. 여러분이 영상을 제작하여 유튜브와 블록체인 기반 영상 플랫폼에 각각 업로드했고 둘 모두 많은 조회수를 기록했지요. 유튜브는 해당 조회수에 대한 보상을 바로 수령할 수 없습니다. 유튜브는 매월 한 번씩 정산을 하며 정산이 완료되기 전까지는 보상을 기다려야 하죠. 또한 유튜브는 모든 보상을 달러로 지급합니다. 그렇기에 유튜브로부터 보상을 받으려면 달러를 입금받을 수 있는 계좌를 지니고 있어야 합니다.

반면 블록체인 기반의 보상체계를 갖춘 영상 플랫폼에서 제작자는 보상이 발생하는 즉시 가상자산으로 보상을 받을 수 있습니다. 또 보상을 받는 즉시 거래소로 전송해서 매도하고 자신이 원하는 화폐로 현금화할 수 있죠. 기존처럼 정산 일정을 기다려야 할 필요가 없을뿐 아니라 전 세계 어디서든 인터넷만 가능하면 이용할 수 있다는 장점이 있습니다.

코린이 노트

세상은 기술의 발전을 통해 좀 더 효율적인 방향으로 바뀌어왔다. 가상자산 또한 블록체인 기술을 통해 세상을 발전시켜 나갈 것이다.

18

블록체인과
가상자산은
분리가 안 되나요?

비트코인과 블록체인이 탄생한 지 10년이 넘었음에도 아직까지 전문가들 사이에서 논쟁이 되고 있는 질문입니다. 블록체인은 공개 분산원장기술에 의하여 신뢰할 수 있는 거래를 지속하는 데이터 위변조방지 기술입니다. 그리고 이 기술을 통해 만들어진 것이 암호화폐(가상자산)이고요.

결론부터 말하면 완전한 분리가 가능합니다. 꼭 가상자산의 형태를 띠지 않고도 블록체인만 사용하여 다양한 비즈니스를 할 수 있습니다.

다만 블록체인에는 발생하는 값을 분산원장에 따라 검증하는 작업이 필요합니다. 그 검증을 불특정 다수가 수행하기 때문에 보안이 높아지는 것이 블록체인인데 불특정 다수에게 검증을 수행시키기 위한 보상체계가 필요한 것이 현실이죠. 그래서 가상 자산을 발행해 검증 리소스를 제공한 이들에게 대가로 지급하는 것입니다.

앞서 살펴본 인터넷 서비스의 보상체계와 동일합니다. 블록체 인을 운용하는 사람은 참여자에게 보상을 주어 더 많은 활동을 이끌어내는 것이죠. 그 활동이 분산원장에 의한 검증 과정인 것 입니다. 검증자들은 보상을 받기 위해 더 많은 검증 활동을 하게 되고 점차 서비스는 확장됩니다.

코린이 노트

블록체인은 가상자산으로부터 완벽히 분리될 수 있지만 가상자산은 블록체인으로 하여금 더 많은 비즈니스를 가 능하게 만든다.

19

가상자산이 화폐의 기능을 대체할 수 있나요?

가상자산이 화폐의 기능을 대체할 수 있는지 없는지를 살펴보려면, 우선 화폐의 기능을 살펴봐야겠죠? 일반적으로 화폐의 기능은 다음과 같이 네 가지로 규정되고 있습니다. 1) 교환 수단의 기능 2) 가치 저장의 기능 3) 재화의 가치 척도 기능 4) 채무 변제의 기능입니다. 이 네 가지 기능을 가상자산이 수행할 수 있는지를 살펴봅시다.

1. 교환 수단의 기능

우선 교환 수단의 기능이라는 것은 화폐로 재화나 용역을 구매하는 기능을 가리킵니다. 최근 많은 기업들이 가상자산으로 자신들이 만든 재화를 구매할 수 있도록 지불수단을 런칭하고 있습니다. 대표적으로 스타벅스나 테슬라를 예로 들 수 있겠습니다. 또한 근로자들이 월급 대신 발행 기업의 코인을 받는 경우가 생겨나고 있죠. 이것은 용역을 코인으로 구매한 것이라 볼 수 있습니다.

2. 가치 저장의 기능

가치 저장의 기능이란 화폐가 지속성을 보장할 수 있는지를 말합니다. 비트코인은 탄생한 이후 12년 동안 가격에 변동성이 있었으나 가치는 지속적으로 유지되어 왔죠. 주식과 채권, 금 모두 초기에는 가격 변동성이 높았으나 결국 전통적인 가치 저장 수단으로 인정받아온 것들입니다. 이들처럼 가상자산 또한 가치 저장의 기능을 갖췄다고 볼 수 있습니다.

3. 재화의 가치 척도 기능

재화의 가치 척도 기능은 어떨까요? 가치 척도라는 것은 가치의 판단 단위, 예를 들어 어떤 재화의 가격이 ○○원일 때, ○○ 만큼의 가치가 있다라고 판단할 수 있는 인식적 기능을 가리키는 것입니다.

현재 우리나라에서는 원화를 기준으로 하기 때문에 원화가 가치 척도의 기준이 되는 거죠. 반면 비트코인의 경우 실시간으로 가격이 변동되기 때문에 정확한 가치 측정이 어려울 수 있습니다.

하지만 비트코인의 가격 변동성은 점차 채굴량이 줄어들수록, 비트코인이 상용화될수록 줄어갈 것입니다. 최근 엘살바도르는 비트코인을 공식 법정통화로 채택했다고 발표하였습니다. 만약 엘살바도르와 같이 비트코인을 법정통화로 쓰는 나라가 많아진다면 비트코인을 고정적으로 들고 있는 이들의 숫자가 늘어날 것이고 비트코인의 가격 변동성은 더더욱 줄어가겠죠.

또한 이런 단점을 극복하기 위해 스테이블 코인과 같이 가격 변동성이 최소화된 가상자산도 만들어졌습니다. 대표적인 스테이블 코인인 테더의 경우 1코인당 가치가 1달러에 고정되어 변화하지 않습니다.

> **스테이블 코인**(Stable Coin)
>
> 기존 가상자산들이 갖는 단점이었던 큰 변동성을 보완하기 위해 개발된 가상자산이다. 대표적으로 미화 1달러에 1코인을 유지시키고 있는 테더(Tether)가 있다.

테더의 발행사는 테더의 시가총액에 해당하는 발행량을 현금 및 현금성 자산으로 예치하고 있죠. 테더의 가격이 1달러보다 올라가면 발행사는 추가 테더를 발행하고 테더의 가격이 1달러보다 내려가면 발행사가 테더를 매수하는 식으로 가격을 유지합니다. 이처럼 가상자산은 가치 척도 기능도 갖출 수 있습니다.

4. 채무변제의 기능

마지막으로 채무변제의 기능을 살펴보겠습니다. 채무변제란 채무자가 채권자에게 급부를 할 의무에 대해 이행하여 채권을 소멸시키는 행위입니다.

채무변제의 기능은 교환 수단의 기능이 정착될수록 함께 살아나는 기능입니다. 위에서 말씀드린 엘살바도르에서 비트코인이 법정통화가 된다면 당연히 채무자는 채권자에게 비트코인으로 급부를 할 수도 있겠죠.

코린이 노트

가상자산은 화폐의 4가지 기능을 수행할 수 있다. 다만 모든 가상자산이 화폐의 기능을 대신 수행하기 위해 만들어진 것은 아니다.

Chapter

3

코린이가
투자처 발굴을 위해
알아야만 하는 기초
12가지

코린이가 궁금한 질문

20

코인에도
주식처럼
테마가 존재하나요?

'친절한
해설영상으로
이해 Up!'

가상자산 안에는 많은 테마들이 있습니다. 그리고 상승장이 도래할 때 그 테마들이 함께 상승하는 경향이 있는데요. 테마에 대해서 알아두시면 거래에서 용이한 경우가 많습니다. 예를 들어 비트코인 그룹은 비트코인, 비트코인 캐시, 비트코인 SV, 비트코인 골드가 있습니다. 비트코인 캐시가 상승하면 비트코인 SV나 비트코인 골드도 함께 올라가는 모습을 보이는 경우가 잦습니다.

그렇다면 비트코인 캐시는 올라가는데, 비트코인 SV는 안 올라오고 있는 상황이라면 어떤 판단을 내릴 수 있을까요? 비트코인 SV에 특별한 악재가 보이지 않는다면 단순히 시장의 반응이 늦어지고 있을 확률이 높습니다. 이럴 때 순환매 장세라는 판단 하에 향후 비트코인 캐시를 따라갈 수 있겠다는 판단으로 비트코인 SV를 매수할 수 있는 것입니다.

아래는 예시로 정리한 테마별 코인들입니다. 아래 테마별 묶음 중 한 종목에서 유의미한 가격 상승이 나왔다면, 여러분은 묶음 내 다른 종목에 대한 매수를 고려할 수 있겠죠. 테마별로 가격 움직임이 비슷한 부분이 있으나, 항상 그러하진 않으니 참고만 하시길 바랍니다.

Defi

리플(XRP), 저스트(JST), 체인링크(LINK), 트론(TRX), 루나(LUNA), 폴카닷(DOT), 신세틱스(SNX), 에이브(AAVE), 컴파운드(COMP), 세미토큰(SEMI), 제로엑스(ZRX), 스시스왑(SUSHI), 디아코인(DIA), 연파이낸스(YFI), 카바(KAVA), 카이버네트워크(KNC), 파일코인(FIL), 메이커(MKR), 팬케이크스왑(CAKE), 엔진코인(ENJ), 루프링(LRC), 1인치(1INCH), 유니스왑(UNI), 밴드(BAND), 알파(ALPHA)

NFT

세타토큰(THETA), 디센트럴랜드(MANA), 보라(BORA), 클레이튼(KLAY), 칠리즈(CHZ), 왁스(WAXP), 엔진코인(ENJ), 샌드박스(SAND), 오리진프로토콜(OGN), 슈퍼(SUPER), 엑시인피니티(AXS), 데고(DEGO), 테라(TVK), 코코스(COCOS), 플레이댑(PLA), 폴리곤(MATIC), 플로우(FLOW), 다위니아(RING), 렌더(RNDR)

DID

아이콘(ICON), 메타디움(META), 바이오패스포드(BIOT), 온톨로지(ONT), 메디블록(MED), 피르마체인(FCT), 휴먼스케이프(HUM) 클레이튼(KLAY), 시빅(CVC)

메타버스

엔진코인(ENJ), 디센트럴랜드(MANA), 샌드박스(SAND), 플레이댑(PLA), 엑시인피니티(AXS)

스테이블코인

테더(USDT), USD코인(USDC), 팍소스(PAX), 트루(TUSD), 컴파운드USD(CUSDC), 바이낸스USD(BUSD)

오라클

체인링크(LINK), 어거(REP), 브릿지(BRG), 테조스(XTZ), 밴드(BAND), 우마(UMA), 텔러(TRB), 도스네트워크(DOS), 버드머니(BIRD)

> **오라클**
>
> 현실 세계의 다양한 정보를 수집·검증해 스마트 계약 비즈니스에 공급하는 역할을 하는 블록체인 네트워크와 가상자산을 말한다. 오라클 서비스에서 제공하는 현실 정보로는 날씨, 온도에서부터 정치적 상황까지 다양하다.

스토리지

파일(FIL), 비트토렌트(BTT), 홀로(HOT), 스택스(STX), RSK(RIF), 솜(SNM), 시아(SC), 스토리지(STORJ), 블루젤(BLZ)

폴카닷

리엔트리(LIT), 쿠사마(KSM), 폴카닷(DOT), 팔라(PHA), 리프파이낸스(REEF), 아크로폴리(AKRO), 체인링크(LINK), 폴카스타터(POLS), 닥(DOCK), 로보노믹스네트워크(XRT), 크러스트(CRU), MXC(MXC), 아프론네트워크(APN)

이노베이션

헤직(HEGIC), 베이커리(BAKE), 팔라(PHA), 아베고치(GHST), 파워풀(CVP), 디포스(DF), 프랙스(FXS), 선(SUN), 포투브(FOR), 오토(AUTO), 랩(WNXM), 트루(TRU), 테라(TVK), 리프파이낸스(REEF), 미러프로토콜(MIR), 스시스왑(SUSHI), 램(RAMP), 비트코인 ABC(BCHA), 유니파이프로토콜다오(UNFI), 리엔트리(LIT), 버거스왑(BURGER), 말린(POND)

위에 정리된 내용은 참고용입니다. 같은 계열끼리 함께 가격이 움직이는 경우도 있지만, 테마가 한 곳에만 있는 것이 아니라 중복되기 때문에 반드시 비슷하게 움직이지는 않습니다. 예를 들어 클레이튼은 NFT에도 있지만, DID에도 있기 때문에 꼭 하나의 섹터에만 반응해서 가격이 움직이지는 않습니다.

특히 최근에 눈여겨 봐야하는 테마는 거래소 코인과 디파이 관련 코인입니다. 최근 몇 년 동안의 흐름을 봤을 때, 거래소 생태계 내에서 발전하는 거래소 코인들이 독보적인 상승을 보여주었습니다. 바이낸스 거래소의 BNB 코인, FTX거래소의 FTT 코인은 거래소 상장에 따라 매우 큰 상승을 보여줬죠.

디파이 코인들도 많은 수익을 낼 수 있었습니다. 2019년도부터 스와이프나 카바 등이 흥행했었고, 블록체인 서비스를 실현시켜주는 오라클 관련 코인들이 흥행했었습니다. 그리고 바이낸스 생태계 BSC(Binance Smart Chain) 내에서 스시스왑, 김치스왑 등 주목받는 디파이 플랫폼 서비스들이 많이 나왔습니다. 여기서 보상으로 주어지는 프로토콜 토큰들도 두드러진 가격 상승을 보였습니다.

이러한 거버넌스 토큰에는 대표적으로 유니토큰(이더리움 생태계 디파이), KSP(클레이튼 생태계 디파이) 등이 있는데요. 정말로 놀라운 상승세를 보여주고 있습니다.

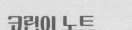

코린이 노트

테마를 파악해놓으면 상승장이 도래했을 때 테마 상승에 비해 뒤떨어지는 종목을 매수하여 수익을 낼 수 있다.

'친절한
해설영상으로
이해 Up!'

블록체인 생태계에는
어떤 것들이 있나요?

좋은 투자처를 발굴하기 위해서는 블록체인 생태계를 이해하는 것이 중요합니다. 블록체인 생태계란 무엇일까요? 쉽게 말하자면 한 운영체제(플랫폼)가 잘 돌아가도록, 서로 협업하고 돕는 프로젝트(앱)들의 집합이라고 이해하시면 됩니다. 많은 사람들이 그 시스템을 이용하고 신뢰한다면 그 운영체제는 인정받고 잘 돌아가게 되는 것이지요.

현재는 에이다 생태계, 폴카닷 생태계 등 메인넷 출시 이후 발전이 기대되는 프로젝트들이 많은 상황입니다. 최근 가격이 무섭게 상승한 루나 생태계도 기대됩니다. 이중에서 2021년 굉장히 핫했던 클레이 생태계를 예로 들어 설명을 해보겠습니다.

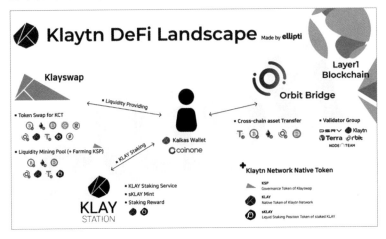

출처 : 엘립티

클레이튼은 카카오의 자회사 그라운드X가 발행한 코인입니다. 메인넷을 보유하고 있고, 클레이튼 체인 내에서 많은 토큰들이 생겨나고 발행되고 있죠. 그 중 대표 디파이 서비스로는 클레이스왑(KSP)을 꼽을 수 있겠습니다.

메인넷을 가진 클레이튼은 플랫폼 역할을 합니다. 플랫폼 코인을 쉽게 이해하려면 컴퓨터의 윈도우나 휴대폰의 안드로이드 같은 운영체제와 유사하다고 생각하면 됩니다. 우리가 처음에 컴퓨터를 사고 키면 윈도우가 시작되지요? 그리고 그 윈도우 위에 다양한 프로그램들을 다운 받아 사용하게 됩니다. 이와 같은 메인넷, 즉 플랫폼 코인 위에 다양한 프로그램들이 올라가는데 이를 디앱(D-app)이라고 합니다. 휴대폰으로 예를 들면 안드로이드 위에 다운 되어지는 앱들이 디앱이랑 비슷하다고 생각하시면 됩니다.

　그렇다면 운영체제인 윈도우나 안드로이드가 여러 환경에서 많이 사용되고 수요가 늘어난다면 그 안에 필수적으로 깔리는 프로그램이나 앱들의 사용량은 어떻게 될까요? 자연스럽게 늘어날 수밖에 없겠지요? 코인의 가격은 수요와 공급에 따라 달라지게 됩니다. 많은 사람들이 사용하게 될 것이 보이고, 그것이 확실하다면 좋은 투자처가 될 수 있겠지요.

　이런 원리로 클레이튼 생태계가 커진다면, 클레이튼 생태계 내에 반드시 쓰일 수밖에 없는 코인들의 가치도 올라가게 됩니다. 그래서 클레이튼의 대표 디파이 서비스인 클레이스왑의 프로토콜

클레이스왑 차트

상장 가격 대비 30배 올랐다가, 현재 10배로 내려온 상황

오르빗체인 차트

1년 동안 50원 → 5,000원 → 1,000원으로 가격 변화, 현재도 20배 오른 상황

코인인 KSP(클레이스왑)의 가격도 가파르게 오르게 되었던 겁니다. 클레이스왑 디파이를 사용하기 위해, 다른 체인에서 클레이튼 체인으로 전환 시켜주는 브릿지 역할을 하는 오르빗체인(ORC)의 가격도 많이 오르게 되었습니다.

이처럼 생태계에 대해서 이해하고 투자하면 좋은 기회들이 많습니다. 최근에는 솔라나 코인 가격이 많이 올라가면서, 솔라나 생태계 토큰들의 가격이 급등하는 상황이 연출되었는데요. 메인넷을 가진 솔라나 생태계가 가격 흐름이 좋다보니까, 그 수혜가 생태계 내의 토큰들에까지 이어지고 있는 상황입니다. 실제로 생태계를 이용한 투자 선점은 굉장히 좋은 기회가 될 수 있습니다.

솔라나 코인 차트

245일 만에 약 7700% 폭등

유튜브 '세력' 채널에서도 최근 에이다 코인 가격 흐름이 너무 좋기 때문에 9월 에이다 메인넷 출시 이후, 에이다 관련 디파이와 NFT 생태계 관련 코인들을 미리 선점한다면 좋은 기회가 될 수 있으리라고 언급한 바 있습니다.

코린이 노트

코인의 가격이 오르게 되면 해당 블록체인 생태계를 공유 하는 토큰들도 가격이 오르게 된다.

가상자산 거래소는
어디를 써야 하나요?

가상자산에 대한 규제가 아직 정립되지 않은 상태이기 때문
에 거래소는 믿을 수 있는 곳을 이용하는 것이 매우 중요합니다.
거래소 자체의 보안 문제도 있으며, 거래소 먹튀 등 여러 논란이
존재하기 때문입니다.

그래서 이왕이면 규모가 큰 거래소, 역사가 긴 거래소를 이용
하는 것이 좋습니다. 왜냐하면 대형 거래소 같은 경우 해킹으로
인해 피해가 발생하더라도 보상을 위한 자산이 갖춰져 있기 때문
입니다. 거래소의 대응 절차도 이미 검증되어 있습니다.

저자는 현재 가상자산 거래소 11곳을 이용하고 있는데 특별
한 경우가 아니면 대형 거래소를 사용합니다. 특별한 경우란 예를

들면 다음과 같습니다. 현재 국내 대기업 네이버의 자회사 '라인'에서 발행한 '라인블록체인 코인'은 '비트프론트(구 비트박스)' 거래소 외에는 상장되어 있지 않습니다. 그러다보니 이 거래소를 이용하지 않으면 해당 코인을 매수할 방법이 없어 저자는 해당 거래소를 사용하고 있는 것입니다.

특히 국내 거래소들에는 외국 코인들이 상장되지 않은 경우가 많아서 다양한 코인들을 사기 위해서는 바이낸스나 후오비 거래소 등 해외 대형 거래소를 이용해야 하는 경우가 자주 있습니다.

웬만하면 다양한 거래소를 이용해야 하기도 합니다. 자산을 분산시켜 해킹 등 만일의 상황에 대비해야 하기 때문입니다. 해킹의 대상은 가상자산 거래소가 되기도 하지만 여러분의 계정 또한 해킹의 대상이 될 수 있습니다. 한 거래소, 한 계정에 자산을 집중시켜 놓는 것보다는 다양한 거래소를 이용하는 것이 해킹에 안전할 수 있습니다.

여담으로 가상자산은 보통 '렛저'와 같은 하드월렛에 보관하는 것이 가장 안전하다고 알려져 있습니다. 다만 초보자들은 하드월렛으로 자산을 옮기는 과정에서 실수를 해 자산을 잃어버리기도 한

가상자산 하드월렛 '렛저'

다고 하니 꼭 사용방법을
잘 숙지하여 자산을 지켜
내시기 바랍니다.

코린이 노트

오랜 역사와 큰 규모를 지닌 대형 거래소를 쓰는 것이 좋다. 해킹의 위험성에 대비해 여러 거래소를 사용하는 것도 좋다.

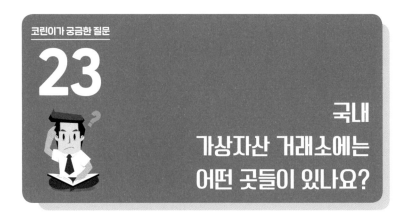

국내 가상자산 거래소에는 어떤 곳들이 있나요?

대표적인 국내 거래소를 소개해드리도록 하겠습니다. 국내에 서는 빗썸, 업비트, 코인원, 코빗이 4대 가상자산 거래소로 불립니다.

1. 코빗(Korbit)

한국 최초의 가상자산 거래소로 2013년 7월 설립되었습니다. 소프트뱅크, 팀 드레이퍼, 그레이스케일 자산운용사의 모회사 DCG그룹, 판테라 등 최상급 펀드로부터 투자를 유치했었죠. 이후 코빗은 2017년 넥슨의 모회사인 NXC에 인수되어 계열사가 되었습니다. 현재 신한은행 실명계좌를 통해 입출금이 가능합니다. 거래 수수료는 매수와 매도 시 각각 0.15% 입니다.

거래 수수료 예시

※ 매수 수수료 : 체결 수량(가상자산 수량) × 거래 수수료율(%)

취득하는 가상자산의 수량에서 수수료 차감

예시) 비트코인(BTC) 1 BTC 매수 시, 수수료 0.15%(0.0015 BTC)를
제외한, 0.9985 BTC 취득

※ 매도 수수료 : 체결 금액(KRW) × 거래 수수료율(%)

취득하는 원화의 금액에서 수수료 차감

예시) 1 BTC를 (비트코인) 원화 50,000,000원에 매도 시, 수수료
0.15%(75,000원)를 제외한, 49,925,000원 취득

2. 업비트(UPbit)

2012년 설립된 핀테크 전문기업 두나무가 2017년 10월 오픈
한 가상자산 거래 사이트입니다. 개장 3개월 만에 거래 규모로는
세계 1위에 등극해 큰 화제를 일으킨 바 있습니다.

두나무는 카카오의 자회사는 아니지만 카카오의 지분은 상
당히 높은 상태인데요. 카카오가 직접 보유한 두나무 지분은 약
8.8%이고 카카오가 지분 100%를 보유한 자회사 케이큐브벤처
스가 지닌 두나무의 지분이 약 13.3%입니다. 또한 카카오가 약
33%의 지분을 보유하고 있는 카카오 청년창업펀드에서 약 3.1%

의 두나무 지분을 보유하고 있는 것으로 보입니다. 이렇다보니 카카오톡 서비스와 업비트의 연동성이 높습니다. 업비트 로그인에 '카카오페이 인증'을 지원하는 점은 업비트의 계정 접근성을 높이기도 하죠.

깔끔한 UI와 국내에서 가장 다양한 알트코인을 취급하는 거래소라는 장점이 부각되며, 두 달 만에 이용자가 크게 늘어 2017년에 세계 1위 거래소가 된 적도 있었습니다. 등락률과 캔들차트는 한국시간으로 당일 오전 9시와 다음날 오전 9시 사이를 기준으로 표시됩니다.

> **알트코인**(Alt-coin)
>
> 비트코인을 제외한 다른 가상자산들을 가리키는 말이다. 'Alternative Coin'의 합성어로 가상자산 계의 선구자인 '비트코인의 대안이 될 수 있는 코인'이라는 의미이다.

업비트의 수수료는 매수와 매도 시 각각 0.05%가 부과되는데, 2021년 9월 시점에서 국내 거래소 중 가장 저렴한 수준에 해당합니다. 저자는 트레이딩을 빈번하게 하는 편은 아니지만 유동적으로 거래하는 자산의 일부는 업비트에서 거래합니다.

3. 빗썸(Bithumb)

대한민국의 1세대 가상화폐 거래소로 2014년 '엑스코인'이라는 이름으로 가상자산 거래 서비스를 시작하였고 2015년 현재의 명칭인 '빗썸'으로 변경하였습니다. 빗썸은 가장 큰 장점은 정보보호 관계 법령을 철저히 준수하고 지속적인 외부 보안 컨설팅을 통해 금융업계와 맞먹는 보안시스템을 구축한 것입니다. 이런 이유로 안정성 면에서 좋다는 평이 있습니다.

일반 입문자들에게 부과되는 수수료는 매매 시 각각 0.25%로 다른 거래소에 비해 상대적으로 비싼 편입니다. 하지만 쿠폰 정책이 갖춰져 있어 이를 잘 활용하면 0.04%까지 낮은 수수료를 책정받을 수 있습니다.

4. 코인원(Coinone)

2014년 2월 설립된 뒤 2015년 데일리금융그룹(옛 옐로금융그룹)이 인수한 가상자산 거래소입니다. 등락률과 캔들차트는 한국 시간 당일 오전 9시와 다음날 오전 9시 사이 기준으로 표현되며 거래대금은 최근 24시간 동안의 누적거래 대금을 나타냅니다.

코인원의 경우 시가총액이 높은 Main 마켓과 시가총액이 낮은 Growth 마켓의 수수료가 별도로 책정됩니다. Main 마켓 매수와 매도 시에는 0.2%를 Growth 마켓 매수와 매도 시에는 0.1%를 수수료로 부과하죠.

5. 고팍스(GOPAX)

고팍스는 4대 거래소는 아니나 보안사고 이력이 없으면서 인지도가 높은 거래소입니다. 특별히 정부 법령과 업계 표준을 준수하고 있기에 사용자들 사이에 '선비 거래소'라고도 불리는 거래소이죠. 블록체인 산업 업계에서 세계 최초로 정보보호 관리체계 분야 국제 표준인 ISO/IEC 27001 인증을 받았고 국내에서도 최초로 정보보호 관리체계(ISMS) 인증을 받았습니다. 또한 업계에서 유일하게 「정보보호산업의 진흥에 관한 법률」 제13조에 의거한 정보보호 현황에 대한 정보를 공시하고 있습니다. 이용자 보호를 위해 코인 및 토큰 상장에 있어서도 엄격한 원칙을 지키고 있습니다.

자전거래

매매를 중개하는 이가 같은 주식을 동일한 가격으로 동일한 수량의 매도매수 주문을 내어 매매를 체결시키는 방법이다. 자산의 급등락 가능성을 줄이는 효과를 갖고 있다. 다만 증권거래소에 미리 신고한 뒤 행하여야 한다는 규정이 있다.

그러나 대형 거래소와 달리 자전거래를 하지 않아 변동성에 조금 더 취약할 수 있다는 단점이 있습니다. 또한 특금법 시행으로 인해 원화 마켓이 사라져 유동성이 적어진 점도 고려해야 합니다.

코린이 노트

믿을 수 있는 국내 거래소로는 코빗, 업비트, 빗썸, 코인원, 고팍스가 있다.

해외
가상자산 거래소에는
어떤 곳들이 있나요?

해외 주요 가상자산 거래소로는 다음과 같은 곳이 있습니다.

1. 바이낸스(Binance)

2017년 소프트웨어 개발자인 창펑자오(Changpeng Zhao)가 홍콩에서 설립한 글로벌 가상자산 거래소입니다. 전 세계에서 거래량 기준 규모가 가장 큰 거래소이며, 중국어, 일본어, 영어 등 다양한 언어를 지원하고 있습니다. 한국어도 지원했으나 2021년 9월 시점에서는 한국의 가상자산 관련법 제정 영향으로 지원을 종료한 상황입니다. 매우 다양한 가상자산이 있고 거래량이 크기 때문에 초보 투자자들이 해외 거래소 한 곳을 사용해야 한다면 바이낸스를 이용하면 됩니다.

또한 세계에서 가장 큰 거래소이기 때문에 상장하기만 해도 큰 규모의 투자 유치를 할 수 있습니다. 잘 알려지지 않은 코인들도 바이낸스에 상장하게 된다는 소식이 들리면 높은 확률로 가격이 크게 올라갑니다.

바이낸스는 종목마다 최근 30일 거래량을 기준으로 등급을 매긴 후, 등급에 맞게 수수료를 부과합니다. 0.1~0.02%까지 부과하는데, 최근 30일 거래량이 50 BTC 이하인 경우 매수와 매도 시 수수료가 0.1% 부과됩니다.

2. 제미니(Gemini)

세계 최초의 비트코인 억만장자로 유명한 타일러·캐머론 윙클보스 형제가 2015년 10월 미국 뉴욕에 설립한 가상자산 거래소입니다. 제미니에서 거래되는 비트코인 가격은 2017년 12월 출시된 세계 최대 선물 거래소 시카고옵션거래소(CBOE)의 비트코인 선물 기준 가격으로 활용됩니다.

3. 후오비(Huobi)

2013년 설립된 중국 최대의 가상자산 거래소입니다. 그러나 중국 정부가 자국 내 가상자산 거래 금지 규제안을 내놓은 이후 주요 서비스층을 해외로 옮겨 현재 한국·싱가포르·미국·일본·홍콩·중국 등 6개 국가에 법인을 설립해 운영하고 있습니다.

4. 코인베이스(Coinbase)

2011년 설립된 세계 최초의 가상자산 거래소이자, 현재 기준 미국 최대의 가상자산 거래소입니다. 거래 수수료는 3.49%로 꽤 높은 편입니다.

2021년 4월 가상자산 거래소 기업으로는 처음으로 나스닥에 상장했고 엄청난 주가 상승을 이어갔습니다. 로이터통신은 "코인 베이스가 증시에 데뷔한 것은 비트코인을 비롯한 디지털 자산 발전의 또 다른 이정표"라고 보도한 바 있습니다.

5. 오케이엑스(OKEx)

홍콩에 설립된 중국계 가상자산 거래소로, 중국의 가상자산 거래소인 오케이코인(OK Coin)이 만든 업체입니다.

6. 비트파이넥스(Bitfinex)

홍콩을 기반으로 하고 있는 가상자산 거래소 중 하나로, 2016년 약 6,000만 달러에 달하는 비트코인 해킹 사건이 발생한 바 있습니다.

이후 거래소는 피해자들에게 자신들이 발행한 가상자산인 BFX를 지급한 후 모회사 아이파이넥스가 BFX를 매입하는 방식으로 1년 여에 걸쳐 피해보상을 마무리한 바 있습니다.

코린이 노트

주목해야 할 해외 거래소로는 바이낸스, 제미니, 후오비, 코인베이스, 오케이엑스, 비트파이넥스 등이 있다. 바이낸스 하나만으로 대부분의 코인에 대한 투자는 가능하다.

가장 큰 이유는 거래소별로 이용자 수가 차이 나기 때문입니다. 가상자산 거래소의 유저가 많은 경우 해당 가상자산의 매매 참여자 수도 많을 것이고 매수와 매도의 호가창이 다닥다닥 채워져 있을 겁니다. 하지만 그렇지 못한 거래소의 호가창에는 호가별 갭이 커집니다. 거래가 많지 않은 만큼 시세의 즉각적인 반응도 나오기 힘든 것이죠.

때문에 거래량이 많은 A 거래소에서 10원의 시세를 가지는 가상자산이 거래량과 유저가 적은 B 거래소에는 11원의 시세를 보이고 있더라도 사실상 호가창을 보면 거래가 적어 매수 호가가 비워져있는 것을 확인할 수 있습니다.

거래량이 적은 거래소는 장점보다 단점이 더욱 부각되는 편입니다. 매매를 하면 사실상 시세보다 훨씬 낮은 가격에 매도를 해야 되며, 반대로 높은 가격에 매수를 해야 되는 경우가 많습니다. 매매하는 개개인의 사정이 호가창에 그대로 드러날 확률이 높으니 순식간에 가격 차가 발생하기도 하죠.

이것이 국내 거래소마다 가격이 다르고 해외 거래소와 가격이 차이가 나는 이유입니다.

코린이 노트

거래소별로 이용자 수가 차이 나기 때문에 자산별 가격이 조금씩 차이 날 수 있다.

싼 거래소에서 사서
비싼 거래소에서 팔면
어떨까요?

이론상으로는 수익을 얻기도 합니다. 이를 지칭해 '재정거래'라고 하는데요. 재정거래란 서로 다른 시장에서 동일한 자산의 가격 차이를 이용하여 이윤을 창출하는 전략입니다. 한 거래소에서 가상자산을 낮은 가격으로 매수해 이보다 시세가 높은 다른 거래소로 송금해 매도하는 방식이죠. 하지만 이러한 방식의 매매는 너무 높은 위험성을 가지고 있으며 대부분의 거래소에서 큰 수수료를 부과하기 때문에 코린이에게는 추천하지 않습니다.

그럼에도 불구하고 이러한 거래소별 시세 차이를 이용해 차익을 보기 위해 체크해야 할 사항들을 말씀드리겠습니다.

- **송금 수수료** : 거래소마다 수수료가 다릅니다. 또한 입금 수

수료와 송금 수수료 두 가지가 있기 때문에 꼭 자세하게 살펴봐야 합니다.

- **거래량** : 송금한 거래소에는 해당 자산에 대한 거래량이 없어 코인이 팔리지 않으면 그야말로 낭패입니다.

- **자산 가격 변동성** : 일부 가상자산은 변동성이 매우 높아 거래와 송금을 진행하는 몇 초 내에도 가격이 크게 하락할 수 있습니다.

- **세금** : 미국과 호주에서는 비트코인을 재산 또는 투자로 간주하고 양도소득세를 부과합니다. 또한 국가간 차익거래나 환율로 인한 차익거래를 시도할 경우에는 외환거래법에 영향을 받아 조사를 받을 수 있습니다.

다시 말씀드리지만 이런 재정거래를 통해 실제 차익을 얻기는 쉽지 않습니다. 특히 유의미한 수익을 얻을 수 있는 국가간 재정거래를 수행하려면 국내 거래소 계정과 연동된 국내 은행 계좌는 물론, 해외 은행계좌와 해외 가상화폐 거래소 계정까지 보유하고 있어야 합니다. 국내 거주자가 해외 은행계좌를 개설하고 해외 거래소 계정에서 출금해 국내 계좌로 보내려면 진입장벽이 상당히 높습니다.

때문에 재정거래로 돈을 벌기보단 타 거래소로 돈을 보낼 필요가 있을 때 이러한 거래소별 가격 차이를 이용해 소소한 이득을 본다는 개념 정도로 알아두면 유용할 것입니다. 특히 가상자산 투자시장에는 '김치프리미엄'이라고 하여 한국 거래소에 있는 코인들의 가격이 유독 높게 형성되어 있을 때가 있습니다.

만약 자신이 외국 거래소로 자산을 송금해 투자할 일이 있다면 아직 김치프리미엄이 형성되어 있지 않은 코인을 한국 거래소에서 사서 외국 거래소로 보내는 것이 좋습니다. 그러다 나중에 출금을 위해 한국 거래소로 자산을 돌려보낼 땐 김치프리미엄이 붙어 있는 코인을 사 한국 거래소에서 파는 방식으로 이익을 볼 수도 있습니다.

코린이 노트

거래소간 시세 차이를 이용한 재정거래 방식으로 이익을 볼 수도 있지만, 현실적으로 어려운 부분이 많고 고려해야 할 사항이 많다.

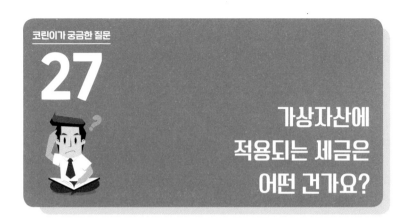

현재 2021년 9월 기준 국내 가상자산 관련 법 규정을 살펴보면, 정부는 2021년까지는 가상자산 투자로 인해 발생한 소득에 대해 과세하지 않습니다. 하지만 2021년 12월 31일 이후부터는 가상자산 투자로 발생한 소득 중 250만 원 초과분에 대해서 20%를 기타소득으로 분리 과세합니다.

과세 표준이 되는 가상자산 소득 금액은 자산의 양도 대가에서 취득가액과 부대비용을 뺀 비용입니다. 2022년 1월 1일 전부터 보유한 가상자산은 2022년 1월 1일 당시 시가를 취득가액으로 정합니다. 여기서 양도 대가라는 것은 가상자산을 팔면서 얻는 돈을 의미하고, 취득가액이란 말 그대로 가상자산을 살 때의 가격을 의미합니다. 다만 2021년 12월 31일 기준 가격보다 더 비싼 가격에 가상자산을 매수했었다면 납세자에게 더 유리한 것을 취득가액으로 잡도록 의제 취득가액 제도를 도입합니다.

예를 들어 2021년 5월 비트코인 1개를 7,000만 원에 매수했다면 2021년 말일까지는 이 비트코인이 1억 원이 되어도 세금이 발생하지 않습니다. 하지만 2022년 1월 1일부터 비트코인이 1억 원에서 2억 원이 된다면 차익을 1억 원으로 보아 세금을 부과하겠다는 의미입니다. 여기서 250만 원과 수수료 등 부대비용을 제외한 약 9,750만 원에 대해 20% 세금이 매겨지는 것이죠.

그럼 만약 2021년 5월 7,000만 원에 비트코인 1개를 매수했는데, 2021년 12월 시점에서 비트코인 가격이 3,000만 원이 되어있으면 어떻게 될까요? 그렇다면 2022년 이후 비트코인 가격이 5,000만 원 이상으로 오르더라도 취득가액을 7,000만 원으로 보아 아무런 세금이 부과되지 않습니다.

코린이 노트

2022년부터 가상자산 투자 수익의 20%를 세금으로 부과한다.

에어드랍과 스냅샷이 무엇인가요?

가상자산 투자를 하다보면 종종 에어드랍(Airdrop) 이벤트를 진행한다거나 혹은 스냅샷(Snap Shot)을 찍는다는 등의 이야기가 나옵니다. 스냅샷은 무엇이고 에어드랍은 무엇일까요? 에어드랍은 '공중에서 투하한다'는 뜻으로 가상화폐 시장에서는 특정 가상자산을 보유한 사람에게 투자 비율에 따라 신규 코인이나 발행자 보유 코인을 무상으로 지급하는 것을 말합니다.

주식시장에서의 배당락이나 무상증자 등과 비슷한 개념이라 할 수 있는데요. 보통 신규 코인을 상장시키거나, 하드포크가 생성될 때 이벤트나 마케팅의 한 요소로 사용하는 경우가 많습니다 (하드포크에 대해서는 바로 다음 질문에서 설명드리겠습니다).

2017년도에 비트코인의 하드포크로 비트코인 캐시가 생겨났을 당시, 비트코인 보유자들에게 비트코인 보유량의 1대 1로 비트코인 캐시를 지급하였습니다. 이러한 지급이 바로 에어드랍이라고 생각하시면 되겠습니다.

한편 특정 코인을 에어드랍할 경우 스냅샷이라는 과정을 거치게 되는데요. 이는 에어드랍 시 지급될 수량을 계산하기 위해 특정 시점에 보유하고 있던 가상자산의 잔고를 인증하기 위한 것입니다. 2020년 12월에는 리플 보유자들에게 1대 1 비율로 스파크 토큰이 에어드랍으로 지급되었죠. 이를 위해 자신의 리플 보유량을 스냅샷으로 찍어서 인증해야 했습니다. 이외에 에어드랍 조건이 되는 코인의 보유량을 발행사가 직접 확인할 수 있는 경우에도 '발행사가 스냅샷을 찍는다'고 표현합니다.

코린이 노트

가상자산 보유자에게 보유 비율대로 해당 코인 혹은 다른 코인을 지급하는 것을 에어드랍이라 한다.

비트코인 캐시, 비트코인 ABC, 비트코인 골드 모두 다 비트
코인의 하드포크를 통해 탄생하게 된 자산들입니다. '하드포크
(Hard Fork)'는 기본적으로 블록체인 프로토콜이 어느 한 시점에
서 급격하게 변경되는 것을 의미합니다. 하드포크를 이해하기 위
해서는 블록체인에 대해 조금 더 심층적으로 이해해야 합니다.

블록체인이란 일종의 프로토콜로, 블록체인에서 이뤄지는 모
든 거래 데이터는 모든 참여자의 컴퓨터(노드)에 분산 저장됩니다.
새로운 거래가 이뤄질 때마다 블록(Block)이 생성되고 거래내역이
담긴 블록들은 노드 과반수의 동의가 있어야 연결(Chain)되죠. 그
러다 보니까 발행량 추가, 보안 개선과 같은 프로토콜의 변경 또
한 노드 과반수의 동의가 있어야 진행될 수 있습니다.

이렇게 프로토콜을 변경했을 때 기존 블록체인과 호환되지 않는 별도의 블록체인으로 만든다면 하드포크, 기존 블록체인 네트워크와 계속 호환이 되게 한다면 소프트포크(Soft Fork)입니다. 하드포크의 경우는 참가 노드들의 동의 없이 수행되기도 합니다. 개발자들이 기존 블록체인 프로토콜의 소스코드를 통째로 복사해 새로운 블록체인을 개발하는 것입니다. 이때 모든 노드들은 두 블록체인을 별개의 네트워크로 인식하기에 오류가 생기지는 않습니다.

보통 비트코인 캐시, 비트코인 SV의 사례와 같이 하드포크 후 새로 발생하는 코인은 기존 코인과 1대 1 비율로 에어드랍하는 경우가 많습니다. 그러다보니 하드포크 자체에 대한 투자자들의 인식도 긍정적인 편입니다. 참고로 보통 하드포크가 되어 생긴 코인들은 초반에는 기존 코인과 움직임을 같이하는 경향이 있습니다. 그래서 하드포크로 인해 생긴 코인에 투자할 때에는 하드포크 이전 코인이 무엇이었는지를 공부해두어야 합니다.

코린이 노트

하드포크는 기존 블록체인을 기반으로 별도의 블록체인을 만들어 분리시키는 작업이다.

앞에서 조금 살펴본 퍼블릭(Public) 블록체인과 프라이빗 (Private) 블록체인의 개념을 명확히 짚고 가보겠습니다. 퍼블릭 블록체인은 불특정 다수가 보안 네트워크에 참여하는 것으로 채 굴에 참여하는 모든 사람이 기록을 가지고 검증하고 있어 신뢰도 가 높다는 장점이 있지만 최초 규칙을 바꾸기 어렵고 속도가 느 리다는 단점이 있습니다.

반면 프라이빗 블록체인은 다수가 보안 네트워크에 참여하지 만 참여자가 누구인지 파악되며 참여에 제한이 있습니다. 쉽게 생 각하면 30명의 사람이 모여서 하나의 의견을 도출하는 것보다, 3 명의 사람이 모여서 하나의 의견을 만드는 것이 더 빠른 것을 생 각하면 되겠습니다.

프라이빗 블록체인은 퍼블릭 블록체인에 비해 시간이 빠르고 효율도 높다는 장점이 있습니다. 다만 프라이빗 블록체인에 참여하는 인원의 노드(컴퓨터)가 한꺼번에 해킹을 당한다면 블록체인이 손상을 입을 우려가 있습니다.

많은 코인들이 퍼블릭 블록체인으로 코인을 발행했다가, 프라이빗 블록체인으로 전환하고 있습니다. 참여자들이 늘면서 느려진 블록체인 네트워크의 속도를 더욱 빠르고 효율적으로 바꾸기 위해서지요.

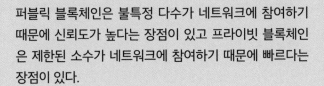

코린이 노트

퍼블릭 블록체인은 불특정 다수가 네트워크에 참여하기 때문에 신뢰도가 높다는 장점이 있고 프라이빗 블록체인은 제한된 소수가 네트워크에 참여하기 때문에 빠르다는 장점이 있다.

인터체인과
사이드체인은
무엇인가요?

인터체인(Inter Chain)은 서로 다른 블록체인을 연결해주는 기술인데요. 이렇게 하면 A라는 블록체인에서 사용하는 가상자산을 B라는 블록체인에서도 사용할 수 있게 됩니다. 예를 들어 이더리움 체인과 클레이튼 체인은 분리되어 있습니다만 인터체인을 이용하면 이더리움 체인을 쓰는 코인이 클레이튼 체인에서도 쓰일 수 있게 되는 것이지요.

인터체인으로 연결된 블록체인들은 서로 데이터를 공유하고, 조회도 할 수 있어 편리한 확장성을 제공해줍니다. 지금도 수많은 프로젝트와 가상자산들이 탄생하고 있기 때문에 가상자산 간의 연결은 앞으로 더 중요해질 예정입니다. 인터체인 프로젝트로는 코스모스(ATOM)나 아이콘(ICX), 오르빗체인(ORC) 등이 있습니다.

사이드체인(Side Chain)은 메인 블록체인 네트워크 옆에 다른 블록체인을 사이드로 연결하는 기술입니다. 이때 사이드체인의 노드들은 메인체인 노드에 추가가 됩니다. 블록체인에서는 참여 노드가 많을수록 보안성과 무결성이 탄탄해지는데요. 신규 블록체인의 경우 노드 수가 적기 때문에 노드 수가 많은 블록체인에 사이드체인을 실행할 경우 공격 등 조작으로부터 위험을 방지할 수 있습니다. 이렇게 되면 서로 다른 블록체인에서 가상자산을 거래할 수 있게 됩니다. 퍼블릭 블록체인과 프라이빗 블록체인 간의 연결도 가능하죠. 하지만 사이드로 연결되는 체인은 메인체인에게 많은 부분을 의존해야 하는 것이 단점입니다.

인터체인과 사이드체인의 차이점은 인터체인은 두 개의 서로 다른 블록체인을 나란히 연결하는 것이라면, 사이드체인은 메인체인 옆에 부차적으로 연결하는 것이라는 점입니다.

코린이 노트

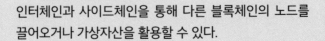

인터체인과 사이드체인을 통해 다른 블록체인의 노드를 끌어오거나 가상자산을 활용할 수 있다.

Chapter

4

코린이가
매수와 매도 타이밍을
잡기 위해 알아야 할 지식
7가지

　　많은 사람들이 가상자산은 대체 왜 가격이 크게 오르고 내리
는지에 대해서 궁금증을 가지고 있습니다. 하지만 가상자산도 주
식이나 금, 원유, 부동산 등 다른 자산들과 마찬가지로 수요와 공
급에 따라 가격이 결정됩니다.

　　존재하는 재화보다 그것을 가지고 싶어하는 사람과 욕구가
높아지면 가격이 올라갑니다. 반대로 가지고 싶어하는 사람과 욕
구에 대비하여 재화가 많아지면 가격이 내려가죠. 우리가 흔히
아는 수요와 공급의 원리입니다.

　　많은 사람들이 가상자산의 용도에 대해서 더 믿고 더 신뢰하
게 되면 투자자산으로서의 가상자산에 관심을 갖는 사람들의 숫

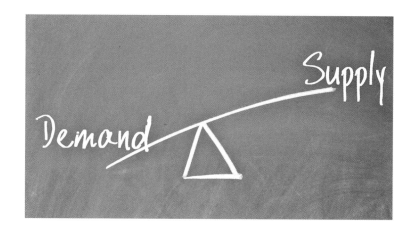

자도 당연히 늘어날 것입니다. 과거에는 비트코인의 가치에 대해서 많은 사람들이 부정했지만 현재는 기관에서까지 비트코인에 투자하고 있는 상황입니다. 가상자산을 가지고 싶어하는 사람과 욕망의 수는 엄청나게 늘어났죠. 그래서 10년 전에 비해 비트코인의 가격은 천정부지로 솟아버린 것입니다.

모든 투자시장은 공통적으로 자산을 매도하려는 사람이 많으면 가격이 떨어지고, 자산을 매수하려는 사람이 늘어나면 가격이 올라갑니다. 가상자산의 경우도 마찬가지로 해당 자산이 가지고 있는 비전이나, 쓰임, 발행 기업의 신뢰, 호재 기사 등을 통해 그 자산을 갖고 싶어하는 사람이 늘거나 줄어들겠죠. 그리고 그에 맞춰 자산의 적정 가격이 형성됩니다.

코린이 노트

비전이나 쓰임, 발행 기업의 신뢰, 호재 기사 등에 따라 가상자산의 가격은 오르고 내린다.

가상자산 가격이 상승하거나 하락하기 전에 미리 알 수 있나요?

보통 가상자산 전체 시장이 어떤 식으로 상승하는지를 알면 좋습니다. 우선 가상자산 시장 초기 상승기에는 비트코인 가격이 크게 오르면서 시장 전체에 돈이 많이 들어오게 됩니다. 가격이 올라가면 해당 자산에 관심이 올라가고 신규 투자자가 늘어나는 데요. 가상자산에 관심이 없던 사람들도 비트코인에 관심을 가지고, 가상자산 투자시장에 진입하게 됩니다.

이때는 비트코인 외 알트코인을 들고 있던 기존 투자자들도 알트코인을 팔고 비트코인에 자금을 넣기에 비트코인의 가격이 끝없이 오르는 모습을 보이죠. 투자자들 사이에서는 이러한 시장 장세를 '비트코인 흡성대법장'이라고 말합니다. 비트코인 흡성대법장 이후에는 비트코인의 가격이 어느 정도 유지되는 상태에서 그 투자금들이 알트코인들로 흐르기 시작하는데, 이것을 알트코인 강세장 혹은 '알트 시즌'이라 표현합니다. 알트 시즌에는 거의 모든 알트코인들이 상승합니다.

정말이지 아찔할 정도로 많이 올라버린다는 표현이 맞을 것 같습니다. 그러다보니 자신이 투자한 종목에 큰 상승이 나왔음에도 익절을 하지 못하고, '조금만 더, 조금만 더'를 외치게 됩니다. 그럴 땐 욕심을 버리고 익절을 하는 것이 좋습니다. 시장 참여자들의 욕심이 가장 클 때가 가상자산의 가격이 고점일 때이며 이것은 높은 확률로 맞아떨어집니다.

그렇게 큰 상승이 이어지던 어느 날 갑자기 시장은 전체적으로 하락하며 상승을 마무리합니다. 그리고 앞서 살펴봤던 패턴이 다시 반복됩니다. 정리하면 비트코인 상승 → 알트코인 순환매 상승 → 전체 시장 하락이 이어지는 거죠.

코린이 노트

가상자산 시장은 비트코인 상승 → 알트코인 순환매 상승 → 전체 시장 하락 순의 패턴을 많이 보이며, 상승과 하락의 폭은 늘 예상보다 매우 크다.

알트코인 순환매 장세는 어떻게 일어나나요?

　이 부분은 비트코인과 알트코인 가격의 움직임을 이해할 때 굉장히 중요한 부분이기 때문에 길게 다뤄보도록 하겠습니다. 앞서 말한 알트 시즌 시기에 시장은 여러 알트코인의 가격을 동시에 점진적으로 성장시키지 않습니다. 순차적으로 알트코인들을 하나씩 급등시키며 시장을 키우게 되죠. 이를 '순환매 장세'라 합니다.

　이를 잘 모르는 사람들은 순환매 장세를 보며 가상자산 시장을 못 믿겠다거나 비상식적이라고 생각합니다. 하지만 순환매 장세는 주식, 금, 원유, 부동산 등 다른 종류의 자산 시장에서도 흔히 일어나는 현상입니다. 돈과 투자의 흐름이라는 것은 대부분 비슷하게 일어나기 때문입니다. 주식시장을 예로 들면, 어떤 종목에 호재가 발생해 투자자가 몰리면 그 종목과 관련 있는 종목도 가격이 상승하게 됩니다. 다들 다음 상승 종목을 예측하니 순환적으로 매수를 하는 분위기가 형성되는 거죠.

금융주(증권, 은행, 보험) 및 건설주 중 한 기업에서 호재가 일어난 경우를 예로 들어보겠습니다. 주식시장의 순환매 패턴은 보통 금융주 및 건설주(증권, 은행, 보험) → 저가 개별주 → 중고가 소형주 → 우량제조주 → 금융주 및 건설주 순으로 일어납니다. 실제로 한국 주식시장에서 1997년 7월부터 12월까지 트로이카(증권, 은행, 건설) 종목군이 대상승하는 동안 삼성전자의 주가 상승률은 상대적으로 미미했었죠. 그러나 트로이카 종목군이 지속적으로 하락하는 동안 삼성전자를 필두로 한 우량 제조업체들의 상승률은 가공할 만큼 컸습니다. 현재 주식시장의 흐름도 이 패턴에서 크게 벗어나질 않습니다.

1. 테마간 순환매

테마간 순환매(Cyclical Rally in Theme)는 크게 아래의 도식과 같은 모습을 하고 있습니다. 각각의 선이 표현하는 흐름은 각 테마의 탄생과 눌림, 시세 분출의 과정을 나타낸 것이죠. 아래 도식을 통해 이해할 수 있는 내용은 바로 A 테마가 형성된 후 조정기에 진입할 때에는 B 테마가 형성되면서 시세를 분출할 수 있고, A 테마가 시세의 분출을 준비하고 B 테마가 조정기에 진입할 때에는 C 테마가 형성되어 상승할 수 있다는 것입니다. 이처럼 시장

내에 존재하는 자금(돈)은 테마간 순환매에 따라 계속해서 돌고
돌게 되죠.

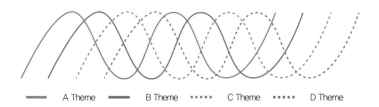

2. 여러 가지 순환매의 유형 및 상황

A, B 두 개의 테마만 존재하는 경우

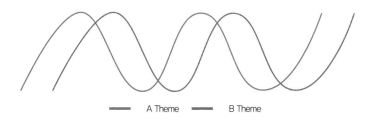

　　시장에 A와 B라는 두 개의 테마만 존재하는 경우, 위와 같은
현상이 나타납니다. 종전의 A, B, C, D 네 가지 테마가 존재하는
시장의 도식에서 C 테마와 D 테마만 제외하면 모두 동일합니다.
위와 같이 A 테마의 형성과 조정, 시세 분출 이후 소멸기, 그리고
B 테마의 형성 및 조정 그리고 시세 분출과 이후의 소멸기로만
시장 내 자금이 흘러갑니다.

'A → B'라는 순환매적 순서를 지켜는 경향성이 있는 것은 분명하나 시장은 항상 정석적인 방향으로만 흘러가지 않습니다. 바로 아래와 같은 경우들입니다. 특정 테마에 예상치 못한 악재가 발생하거나 강력한 이슈가 발생하는 경우 테마간 순환매의 정상적인 사이클이 꼬이게 됩니다.

B 테마가 소멸된 후에도 A, C 테마는 사이클을 유지하는 경우

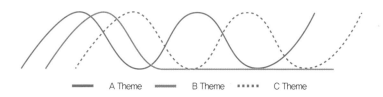

위 도표와 같이 시장 내에 A, B, C라는 세 가지 테마가 존재하는데 그 중 B 테마가 특정 이슈의 해소 또는 악재의 발생으로 인해 소멸되면서 시장 내에 A, C 테마만 잔재하게 되는 경우도 있습니다.

B 테마가 소멸을 예측한 C 테마가 사이클을 앞당기는 경우

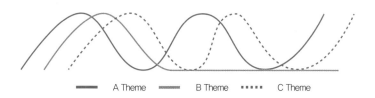

이 경우는 B 테마의 소멸을 미리 예측한 C 테마의 주도 세력이 사이클을 앞당기고자 한 템포 빠르게 반응하여 B 테마가 상승해야 하는 시기에 C 테마가 먼저 치고 올라오는 경우입니다.

B 테마와 C 테마 모두 소멸되며 A 테마의 사이클이 앞당겨진 경우

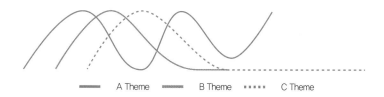

이 경우는 B 테마와 C 테마가 동시에 사라지면서 A 테마가 자본을 흡수해 상승 사이클이 더 빠르게 돌아온 경우입니다. 주변 테마를 살피지 않은 A 테마 투자자들은 서서히 내려와야 할 A 테마가 왜 갑자기 다시 올라가는지 의아해 할 것입니다.

A 테마에 이슈가 발생하면서 B 테마의 템포가 늦춰지고 C 테마는 소멸한 경우

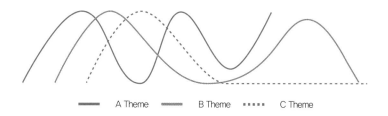

출처 : 티스토리 올라운더

A 테마에 강력한 이슈가 발생하여 다른 테마를 누르는 경우입니다. B 테마는 상승이 더뎌진 반면 C 테마는 아예 소멸해버렸죠. 이 또한 A 테마에서 나온 이슈를 파악하지 않은 B 테마와 C 테마의 투자자들은 왜 갑자기 자신이 투자한 종목의 상승세가 힘이 빠졌는지 의아해 할 것입니다.

이러한 순환매 장세는 부동산 투자 시장에서도 드러납니다. 서울 부동산이 오르기 시작하면 빠르게 올라가는 지역과 느리게 올라가는 지역이 나뉘게 되고 그 흐름에 편승하여 주변 지역도 함께 오르는 모습을 보이곤 하죠. 정부가 서울 부동산을 규제하면 풍선효과로 지방 부동산 가격이 오르는 것도 큰 관점에서는 위 순환매 장세랑 다르지 않습니다. 즉 자본이 움직이는 규칙은 모든 자산에 비슷하게 적용된다는 것입니다.

아파트랑은 다르게 가상자산은 더욱 유동자금이 많습니다. 서울 아파트를 샀는데 그 아파트를 바로 팔고 가격이 오르는 지방 아파트를 매수할 수는 없을 겁니다. 반면에 비트코인을 포지션으로 가지고 있던 사람들은 마음만 먹으면 바로 알트코인을 매수할 수 있죠. 이런 가상자산 시장에서 순환매 장세는 더욱 뚜렷하게 나타난다고 볼 수 있습니다. 비트코인이 크게 상승한 후, 알트코인들로 자금이 흘러간다는 것에 대해 이상하게 생각하기보다는 당연하다고 보는 것이 맞습니다.

가상자산 투자를 한 번이라도 해본 사람들은 이 글을 읽고 느끼는 바가 많을 것입니다. 알트코인들이 순환매 장세에 들어가면 약속이라도 한 듯이 돌아가면서 큰 폭으로 상승하는데요. 다만 덜 오른 자산들이 큰 폭으로 상승하는 경우가 많습니다. 이런 알트코인 순환매 장세는 암호자산 시장에만 있는 특별한 일이 아닌 투자의 기본이라는 점을 숙지해두셔야겠습니다.

이 당연하다면 당연한 자본 흐름에 편승하여 알트코인 강세장에서는 알트코인으로 수익을 내고, 비트코인 강세장에서는 비트코인으로 수익을 내려고 노력한다면 좋은 결과를 얻을 수 있습니다. 그렇다면 어떻게 이 강세장을 판단하고 트렌드를 읽어낼 수 있을까요? 다음 질문에서 설명드리겠습니다.

코린이 노트

모든 자산들은 종목간에 서로 영향을 주며 상승하게 되어 있다. 순환매가 왜 일어나는지에 대해 정확히 이해하면 알트코인 순환매 장세에서 투자가 매우 유리하다.

현재 시장 상황이 어떤지 어떻게 알 수 있나요?

시장이 오를대로 오른 과열 상태인지 아니면 내릴대로 내려간 냉각 상태인지 어떻게 알 수 있을까요? 투자 시장에서 무엇이든 완벽하고 정확하게 알 수 있는 방법은 없습니다. 다만 여러 가지 지표들을 통해 판단할 수는 있겠죠.

비트코인은 장기적 관점에서 4년의 사이클을 가지고 있다는 것과 그 상승 사이클 안에서 '비트코인 불장'과 '알트코인 불장' 이 이어진다는 것을 말씀드린 바 있습니다. 그러나 한 상승 사이 클 안에서 비트코인 불장과 알트코인 불장이 딱 한 번씩만 이어 지고 끝나는 것은 아닙니다. 비트코인과 알트코인이 서로 엎치락 뒤치락 하며 이어지는 시기가 존재하죠. 여기서 현재 시장 상황이 비트코인 불장인지 알트코인 불장인지를 유의미하게 살펴볼 수 있는 방법이 있는데요. 바로 비트코인 도미넌스 지수입니다.

비트코인 도미넌스 차트

위 그래프는 비트코인 도미넌스 차트입니다. 오른쪽에 나와있는 숫자는 비트코인이 가상자산 투자 시장에서 차지하고 있는 비율을 나타낸 숫자입니다. 만약 50이라는 숫자를 가지고 있다면 전체 가상자산 투자시장의 투자금 50%가 비트코인에 들어가 있다는 의미가 됩니다.

이 도미넌스 차트의 흐름은 투자 결정에 매우 유의미한 요소이기 때문에 정확하게 이해하고 있으면 좋습니다. 비트코인의 시장 지배력이 올라간다는 것은 비트코인 가격이 알트코인 가격 움직임보다 더 좋다는 의미가 됩니다. 이 말은 다 함께 상승할 때는 비트코인이 알트코인보다 더 많이 올라간다는 것이고, 하락할 때는 비트코인이 알트코인보다 덜 하락했다는 의미가 됩니다.

반대로 비트코인의 시장 지배력이 떨어진다는 것은 비트코인 가격이 알트코인들의 가격 움직임보다 안 좋다는 의미가 됩니다. 즉 상승장에서는 비트코인보다 알트코인들이 훨씬 더 많이 상승 했다는 것이고, 하락장에서는 비트코인보다 알트코인들이 덜 하 락했다는 의미가 되는 것이지요.

저자는 비트코인 도미넌스 차트가 큰 틀에서 우하향하는 흐 름으로 갈 것이라 보고 있습니다. 과거 2015년의 도미넌스 차트를 살펴보면 비트코인의 지배력이 90% 이상이었던 걸 볼 수 있습니 다. 왜냐하면 그때 알트코인들이 비트코인에 비해 인지도가 매우 낮았으며 종류도 얼마 안 되었기 때문이죠. 가상자산 = 비트코인 으로 통하던 시기였습니다. 비트코인 조차도 믿음이 없던 시기에 몇 없는 알트코인에 믿음을 가질 사람은 몇이나 있었을까요?

하지만 이더리움이나 리플과 같은 코인들이 등장하기 시작하 면서, 오직 비트코인만이 지배력이 높았던 상황에서 알트코인들 이 힘을 내기 시작합니다. 점점 알트코인이 비트코인의 지배력을 차지하게 되는데, 2017년 5월에 알트코인 불장과 함께 비트코인 지배력 63%까지 떨어지게 됩니다. 이때가 앞의 그래프에서 첫 번 째 색깔 원으로 표시해둔 구간이죠. 1차 알트코인 대형 불장입니 다. 이때 알트코인들은 대부분 10배 이상의 가격 상승을 일으켰죠. 이 엄청난 변동성 속에서 많은 부자들이 탄생했습니다. 1차 알트코인 폭등 이후 몇 개월은 비트코인 지배력이 상승하다가 다시 2차 알트코인 대형 불장(두 번째 색깔 원)이 옵니다. 그리고 그후 비트코인 독주장이 이어지다가, 마지막 2018년 1월 비트코인 4년 사이클 상승장을 마무리하며, 알트코인 불장이 마지막(세 번째 색깔 원)으로 한 번 더 오게 됩니다.

그러나 개별 알트코인으로 보면 비트코인에 비해 현저히 낮은 시가총액을 가진 건 지금도 마찬가지입니다. 비트코인에 비해 알트코인은 초 단기적으로 상승하기 때문에, 단 한 번이라도 알트코인 상승장에서 제대로 상승분을 익절할 수 있다면 의미 있는 수익이 됩니다. 최근 시가총액 3위가 된 에이다(ADA) 코인은 다음 차트와 같이 단 78일 만에 727%가 상승했었습니다. 100원대에서 900원대가 되어버릴 정도의 엄청난 상승을 해낸 것입니다. 이래서 알트코인 상승장에서의 상승분을 수익으로 담아낼 수 있다면, 어마어마한 수익을 낼 수 있다는 것이죠.

그렇지만 많은 투자자 분들이 알트코인 불장 마지막의 고점에 물리시는 경우가 굉장히 많습니다. 고점에 다가갈수록 거래량이 늘어나고, 많은 사람들이 상승을 외치게 되는데요. 알트코인은 많이 상승하는 만큼 끝없는 하락을 하기 때문에, 상승장이 시작되기 전에 모으고 상승장이 시작되고 나서는 익절을 해나가야 합니다. 그렇지 못하면 많은 손실이 일어날 수 있기 때문이죠. 그

에이다 차트

7개월 뒤 2,000원 대로 추가 상승

렁다면 매수 타이밍과 익절 타이밍을 잡기 위한 기초적인 도구들에 대해서도 알아보겠습니다.

코린이 노트

도미넌스 차트를 통해 비트코인과 알트코인 중 어떤 자산이 강세인지, 각 자산이 얼마나 급격하게 상승·하락했는지 알 수 있다.

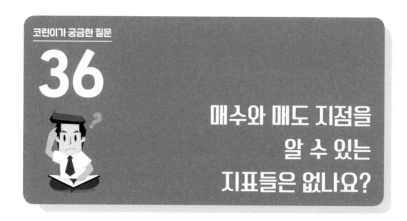

코린이가 궁금한 질문

36

매수와 매도 지점을
알 수 있는
지표들은 없나요?

1. 크립토 공포&탐욕 지수

크립토 공포&탐욕 지수 그래프와 보조지표

크립토 공포&탐욕 지수(alternative.me/crypto/fear-and-greed-index)는 실제로 투자에서 굉장히 유용한 지표가 됩니다. 가상자산 시장에서 투자자들의 행동은 매우 감정적인데요. 위 자료 속 미터기는 가상자산 시장의 현재 정서를 분석하고, 0에서부터 100까지의 간단한 그래프로 보여줍니다. 0은 '극심한 공포'를 의미하고 100은 '극심한 탐욕'을 의미합니다.

시장 참여자들은 시장이 상승할 때 욕심을 느껴 FOMO(Fear Of Missing Out ; 매수하지 않으면 안 될 것 같은 공포를 느끼는 상태)가 발생합니다. 대부분의 사람들이 이러한 극단적인 욕심을 느끼는 상태가 우리에게는 매도 찬스가 되는 것입니다.

가상자산 시장에서 가장 중요한 변동 요소는 비트코인 가격입니다. 때문에 이 그래프 또한 비트코인 투자 정보를 기반으로 제작되었습니다. 그런 점에서 그래프의 지표를 도출하기 위해 참조되는 요소들을 설명드리겠습니다.

a. 변동성

비트코인 현재 가격을 지난 30일 및 지난 90일의 평균값과 비교합니다. 가격의 비정상적인 상승은 욕심 지수를 상승시킵니다.

b. 시장모멘텀 / 볼륨

시장모멘텀과 거래량을 측정하고 이 두 값을 합산합니다. 긍정적인 시장 추세에서 높은 구매량이 나타나면 시장이 지나치게 탐욕스럽거나 낙관적이라고 판단합니다.

c. 소셜미디어

트위터에 나타나는 관련 키워드와 빈도를 분석합니다. 각 코인에 대한 해시태그가 붙어 있는 게시물을 수집하고 계산하죠. 그리고 그 키워드가 포함된 게시물이 얼마나 빠르고 얼마나 많은 상호 작용을 받는지 확인합니다. 비정상적으로 높은 상호 작용은 코인에 대한 대중의 관심이 증가하는 것이라고 보아 탐욕스러운 시장 양상을 보인다고 해석합니다.

d. 비트코인 지배력

비트코인의 경우 실제 투자시장에서 투자자들의 안전한 피난처 역할로도 인식되고 있습니다. 때문에 비트코인 지배력의 상승은 알트코인 투자의 투기성에 대한 두려움에서 기인한다고 볼 수 있죠. 따라서 비트코인 지배력의 상승은 욕심 지수를 감소시킵니다. 반대로 비트코인 지배력이 줄어들면 더 탐욕스러워진다고 판단합니다.

e. 검색어 트렌드

비트코인 관련 검색어를 구글 트렌드 데이터에서 가져와 수치에 반영합니다. 특히 현재 인기있는 추천 검색어와 검색량의 변화를 분석합니다. 구글 트렌드에서 '비트코인'이라는 단어만 확인하면 많은 정보를 얻을 수 없습니다. 반면에 추천 검색어를 보면 좀 더 확실한 정보를 얻을 수 있습니다. 예를 들어 2018년 5월에는 비트코인의 추천 검색어로 '비트코인 가격 조작'이라는 검색어가 1550% 상승했는데 이것을 공포 신호로 봐 지수에 반영했죠.

저자는 여러 지표를 활용하기보다는 정말 뚜렷하게 시장 상황을 잘 맞추는 지표만을 활용합니다. 공포지수는 굉장히 유의미한 지표라고 판단하고 있습니다.

지수가 25 이하인 '극심한 공포' 구간이 언제였는지를 한번 살펴보면 다음과 같습니다.

-2018년 2월 2일
-2018년 3월 30일
-2018년 9월 12일
-2019년 1월 31일
-2019년 8월 14일
-2019년 12월 18일
-2020년 3월 17일(최저점 7)
-2021년 5월 20일

위 시점은 대부분 단기적으로 비트코인은 최저점을 찍은 구간이었습니다. 그러나 비트코인은 장기적으로 늘 우상향해왔기 때문에 끝까지 매수하여 팔지 않은 투자자들은 전부 이익 구간까지 가게 되었습니다. 반대로 80 이상의 환희 구간인 경우 고점에 가까운 경우가 많았습니다. 이 지표를 통해 시장의 환희와 공포에 대해 이해하고, 활용한다면 좋은 매수와 매도 타점을 잡을 수 있으리라 생각합니다.

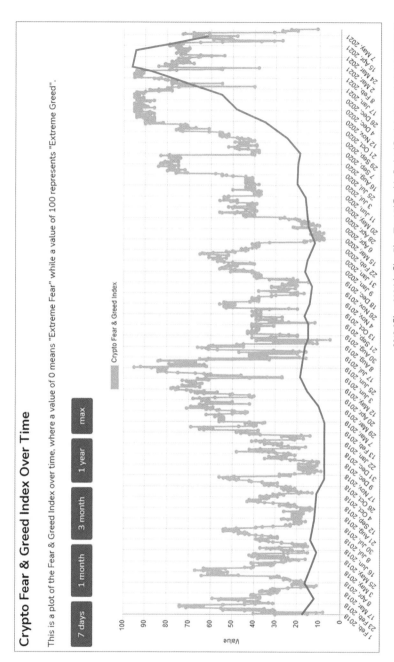

Crypto Fear & Greed Index Over Time

This is a plot of the Fear & Greed Index over time, where a value of 0 means "Extreme Fear" while a value of 100 represents "Extreme Greed".

2018 2월 ~ 2021년 7월 크립토 공포&탐욕 지수 추이. 같은 기간 비트코인 가격 추이(색깔 선)

2. RSI지표

RSI는 상대강도지수라고 하는 지표입니다. 주식, 선물, 옵션 등의 기술적 분석에 사용되는 보조지표로 가격의 상승 압력과 하락 압력 간의 상대적인 강도를 0~100으로 나타냅니다.

일정 기간 동안 주가가 기존에 비해 상승했는지 하락했는지를 평가하여 상승한 변화량이 크면 지수가 올라가고 하락한 변화량이 크면 지수가 내려가는 방식으로 산정합니다. 과매수와 과매도 추세를 수치로 볼 수 있는 것인데요. 이것 역시 굉장히 유용한 지표로 활용됩니다.

RSI를 만든 데이터 분석가 웰스 와일더는 RSI 지표가 70 이상을 넘어가면 초 과매수 국면으로, 30 이하로 내려가면 초 과매도 국면으로 규정했습니다. RSI에 따라 매수와 매도 결정을 한다면 지수가 70을 넘어서면 매도 포지션을, 30 밑으로 떨어지면 매수 포지션을 취하는 방식이 있겠죠. 다만 모든 지표가 그렇듯 초 과매수, 초 과매도 국면에 들어서도 현재 추세가 연장되는 경우가 많아 이러한 전략만으로는 이익을 내기 힘들다는 맹점이 있긴 합니다.

따라서 이 기법을 보완하기 위한 전략으로 RSI가 70을 넘어선 후 머물러 있다가 다시 70을 깨고 내려오면 매도를, RSI가 30 밑으로 내려가 머물러 있다가 다시 30 이상으로 올라오면 매수하는 방식으로 보완할 수도 있습니다. 하락이 시작할 때 빠지고 상승이 시작할 때 들어가는 방식인 거죠.

또 다른 전략으로는, RSI가 50을 상향 돌파하면 매수, RSI가 50을 하향 돌파하면 매도하는 식의 방법으로 매매할 수 있습니다. 이것을 추세매매라고 말하는데 저자가 좋아하는 방법은 아닙니다.

주가는 상승하고 있지만 RSI는 하강하는 경우도 생깁니다. 이럴 땐 전체적인 매수량은 많은데 호가창에서 가격만 오르는 경우라 볼 수 있죠. 주가가 천정에 다다랐을 때 나오는 특징이며 추세가 꺾이기 쉬운 상태입니다. 반대로 주가는 하락하지만 RSI가 상승하는 경우도 있습니다. 이런 경우는 보통 추세가 반등하기 직전이라 볼 수 있죠.

RSI의 과매수와 과매도 신호를 항상 사용하는 것보다는 때에 따라 보조지표로만 활용하는 것이 좋습니다. 상승장세에서는 RSI가 어쩔 수 없이 과매수권에 자주 진입하게 됩니다. 이럴 때에는 매도 신호는 무시하고 과매도 신호로 매수 시점만 살피는 것이 좋습니다. 반면 하락장세에서는 RSI가 계속해서 과매도권에 머물러 있게 됩니다. 이런 경우에는 매수 신호를 무시하고 과매수 신호로 매도 시점만 살피는 게 좋습니다.

RSI는 천정과 바닥을 찾기 쉽다는 장점이 있는 반면, 천정과 바닥이 제대로 형성되지 않는 시장에서는 유용하지 못합니다. 가격이 소폭의 등락만을 거듭하며 횡보하는 상황에서는 RSI가 50을 중심으로 소폭의 등락만을 거듭하게 되므로 투자 지표로 활용하기가 쉽지 않습니다.

RSI가 70 이상으로 높아진 것을 매도 신호로 판단하는 원리는 자산이 많이 올랐으며 차익 실현을 할 매물이 나올 것임을 가정하기 때문입니다. 그러나 실제 상황은 이와 같지 않은 경우도 많습니다. 호재에 의해 강한 상승을 하는 상황이라면 RSI 값이 70 이상이어도 계속 상승하는 경우도 많습니다.

따라서 이 지표는 독립적으로 사용하기보다는 보조적인 판단 근거로 사용하면서 시장을 판단하는 것이 좋습니다. 예를 들어 오른다는 확신이 든 가상자산을 보유하고 있다가 수익을 실현하는 중 RSI 값이 70 이상으로 진입할 경우 과매도 상태에서 단기 하락이 올 수 있음을 예상하고 분할 매도로 대응을 해둡니다.

코린이 노트

가상자산 매매에 활용할 수 있는 지표로 크립토 공포&탐욕 지수와 RSI 지수가 있다.

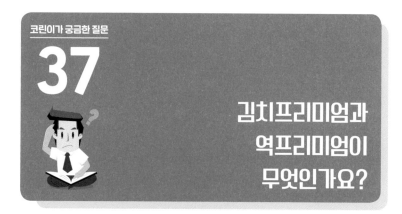

같은 코인임에도 한국 거래소에서 해외 거래소보다 더 비싸게 거래가 될 때 그 가격 차이를 가리켜 '김치프리미엄이 붙었다'라고 표현합니다. 반대로 해외 거래소에 있는 코인이 한국 거래소보다 더 비싸게 거래될 때 '역프리미엄이 붙었다'라고 표현합니다.

한국에서 가상자산 투자가 유행하기 전만해도 항상 역프리미엄이 지속되었습니다. 한국 거래소에 있는 코인들이 해외 거래소보다 더 저렴하게 거래가 되었던 거죠. 그런데 가상자산 열풍이 불기 시작하면서 심각할 정도로 '김프(김치프리미엄)'가 생기기 시작했습니다. 많게는 50%까지 벌어졌는데요. 이 때문에 해외 거래소에서 가상자산을 구입해 국내 거래소에 가상자산을 팔아 시세차익을 얻는 사람이 생기기도 했습니다. 하지만 이 방법을 실행했다가는 외환관리법 상 조사를 받을 수 있습니다.

최근 정부가 가상자산 투자 광풍을 제지하면서 김치프리미엄이 다소 줄었지만 그래도 2021년 초반에는 20%까지 치솟은 적이 있었습니다. 당시 많은 사람들이 싼값에 가상자산을 사려고 외화를 송금하여 외화유출 문제가 대두되기도 했습니다.

논란이 되는 김치프리미엄의 가장 큰 원인은 공급 부족입니다. 한국은 가상자산을 사려는 수요는 많은데 공급이 이를 충족시키지 못하고 있습니다. 비용 문제 등으로 가상자산 채굴이 외국보다 활발하지 않기 때문이죠. 채굴이 별로 없으니 불장이 도래했을 때 시장에 풀리는 물량이 상대적으로 적어 과열 양상을 보이는 것입니다.

채굴이 어렵다면 외국에서 구매한 비트코인을 국내에 대량 공급하는 방법뿐인데요. 하지만 자금세탁 등 범죄에 악용될 우려가 있어 정부가 가상자산 거래를 위한 송금을 제한하고 있습니다. 그래서 한국에서는 만성 공급부족 현상이 나타나는 것입니다.

한국은행은 지난 2018년 보고서를 내 비트코인 공급부족의 원인에 대해서 "금융기관 등과 같은 전문적인 참가자가 법률 위험 등 이유로 가상자산 시장에 참여하지 않기 때문"이라고 진단하기도 하였습니다.

정부의 규제로 수요-공급이 원활하지 않아 '김치프리미엄'이 생겨나니, 이를 이용해 차익거래를 노리는 현상이 발생했습니다. 외국에서 싼값에 산 비트코인을 국내 거래소로 옮겨와 비싸게 팔고 다시 외국으로 나갑니다. 정부는 외화 유출을 막기 위해 은행 등 금융기관에 재차 외화 송금 규제를 강화하도록 요구해, 비트코인 공급이 제한되는 현상이 심화되었습니다.

시장원리에 의하면 차익거래가 활발할 경우 국내 가상자산 공급이 늘면서 김치프리미엄이 해소되게 되어 있습니다. 그러나 정부는 외화유출을 우려로 오히려 차익거래 규제를 강화하고 있는 상황입니다. 일부 블록체인 업계 관계자들은 해외 주식은 국내 증권사를 통해 사고 해외 부동산을 사면 당국에 신고를 하듯이, 가상자산도 비슷한 시스템을 마련한다면 외환통제도 되면서 거래가 활발해져 김치프리미엄 문제가 어느 정도 해소될 수 있을 것이라는 이야기를 합니다.

코린이 노트

해외 거래소 대비 국내 거래소의 가상자산 가격이 비싼 걸 김치프리미엄이라 하고 그 반대인 경우를 역프리미엄이라고 한다.

거래소에 따라서는 원화(KRW) 마켓, BTC 마켓, ETH 마켓 등이 존재합니다. 우리가 일반적으로 생각하는 가상자산 시장은 원화 마켓일 겁니다. 거래소에 현금을 보내 코인을 사는 거죠. 예를 들어 비트코인이 현재 5,000만 원이라면, 우리 돈 5,000만 원을 주고 비트코인을 매수하는 것입니다.

BTC 마켓은 기준이 되는 화폐가 원화가 아닌 비트코인이 되는 것입니다. 비트코인으로 다른 코인을 매수할 수 있게 되는데 그 가격도 원화가 아닌 비트코인으로 표시됩니다. 만약 1 BTC(약 5,000만 원)으로 1 ETH(약 500만 원)을 산다고 하면, 1 BTC으로 10 ETH을 매수할 수 있는 것이죠. 이더리움의 가격 표시도 0.1 BTC이라고 표기되어 있습니다.

당연히 원화 마켓과 BTC 마켓의 차트도 다른 양상으로 그려집니다. 원화 마켓의 경우 한국 돈을 기준으로 한 가격 흐름이 나오니 우리가 아는 일반적인 가상자산의 가격 변화를 볼 수 있게 됩니다. 반면 BTC 마켓 차트에는 비트코인을 기준으로 한 해당 가상자산의 가격 흐름이 나옵니다. 따라서 BTC 마켓 차트를 참고하면 해당 가상자산이 비트코인 대비 얼마나 많이 성장했고 가격 흐름이 좋은지를 알 수 있게 됩니다.

비트코인의 가격 상승은 전체 가상자산 시장의 성장률과 통하는 면이 있습니다. BTC 마켓에서도 상승 흐름이 좋았던 알트코인들은 전체 가상자산 시장의 성장률 대비 좋은 성장을 보였던 코인인 겁니다. 따라서 매수할 알트코인을 고를 때 BTC 마켓 차트도 봐야 합니다. 해당 자산이 전체 가상자산 시장의 성장 대비 얼마나 잘 성장했는지를 판단할 수 있기 때문입니다.

코린이 노트

거래소에서는 원화 마켓 외에 BTC, ETH 마켓 등 가상자산 마켓이 있다. BTC 마켓 차트를 통해서 비트코인 대비 해당 가상자산의 변화가 어땠는지를 파악할 수 있다.

5

코린이가
알아야 하는 최소한의
차트 지식
9가지

양봉과 음봉이
무엇인가요?

국내 자산시장에서는 차트의 봉이나 손익 부분을 나타낼 때 상승을 빨간색, 하락을 파란색으로 표시합니다. 또한 거래소마다 마감시간과 시작시간이 다릅니다. 예를 들어 업비트는 09:00AM 이 되면 시장이 시작되고, 빗썸은 12:00AM이 되면 시장이 시작 됩니다. 시장이 시작된 후 가격이 위로 상승하면 빨간색으로 상 승이 그려지고, 아래로 흐르면 파란색으로 하락이 그려집니다. 예 를 들어 비트코인이 4,000만 원에 시초가(시작가격)를 형성했는데, 가격이 4,100만 원이 되면, 양봉(빨간색)으로 표시되고 3,900만 원이 되면 음봉(파란색)으로 표시되는 것입니다.

이 봉의 의미가 나타내는 바도 알아두면 좋은데요. 만약 빨간 색으로 길게 봉이 형성된다면, 그것은 매수세가 강한 장대양봉이 되는 것이고 파란색으로 길게 봉이 형성된다면, 그것은 매도세가 강한 장대음봉이 되는 것입니다. 장대양봉 혹은 장대음봉 이후에는 단기적으로 그 추세 흐름에 따라가는 경우가 많습니다. 장대양봉이 두껍게 나왔다는 것은 매도하려는 사람들보다 매수하려는 사람들의 믿음이 견고하다라는 의미가 될 것이고, 장대음봉이 두껍게 나왔다는 것은 매수하려는 사람들보다 매도하려는 사람들의 믿음이 견고하다는 의미가 될 것이기 때문입니다.

또한 윗꼬리와 아래꼬리를 이해하면 기술적 분석에 도움이 됩니다. 윗꼬리는 양봉을 길게 찍었다가 마지막에 추세가 꺾이면서 살짝 음봉이 생기는 경우를 말하는데요. 매도자들이 생각하기에 '이정도 가격은 비싸다'라고 생각했기 때문에 윗꼬리가 생기는 것입니다. 그러다보니 이 윗꼬리가 생겼다는 의미는 누르는 힘이 강해 단기적으로 하락할 가능성이 높다는 의미가 됩니다. 반대로 아랫꼬리가 생겼다는 의미는 위로 올리려는 힘이 강해, 단기적으로 상승할 가능성이 높다는 의미가 되는 것입니다.

코린이 노트

상승 추세인 양봉은 빨간색, 하락 추세인 음봉은 파란색이다. 봉 위 아래의 꼬리 모양에 따라서 단기 추세를 예상할 수 있다.

분봉·시봉·일봉·주봉·월봉이 뭐예요?

분봉·시봉·일봉·주봉·월봉은 주식 차트에서 해당 기간 동안의 주가 움직임을 하나의 봉(막대모양)으로 표현해 만든 차트를 말합니다. 가령 일봉 차트에서 한 개의 봉은 하루 동안의 가격변화를 나타내고 월봉 차트에서 한 개의 봉은 한 달 동안의 가격변화를 나타내는 거죠.

그럼 장기 추세를 살펴볼 때는 아무래도 주봉이나 월봉으로 차트를 길게 놓고 보는 것이 편하겠지요? 그리고 단기 추세를 살펴볼 때는 일봉, 시봉, 분봉 등으로 확대해 살펴보는 것이 정보 파악에 좋을 것입니다. 기본적으로 차트는 어떤 봉으로 보더라도 그 봉에 따라 분석이 가능하지만, 통계 원리 상 장기적으로 볼수록 의미 있는 분석이 나올 가능성이 높습니다.

비트코인 차트

위 차트를 봅시다. 박스 부분은 반감기 전후의 움직임이고, 색깔 선 이후의 가격 움직임은 반감기 이후의 가격 움직임입니다. 높은 확률로 반감기 이후에는 상승한다는 것을 확인할 수 있습니다. 하지만 시간을 짧게 두고 추세를 파악했을 땐 틀린 분석이 될 확률이 올라갑니다. 다양한 변수가 차트에 반영되기 때문이죠. 따라서 시간을 길게 두고 기술적 분석을 시도했을 때 유의미한 분석이 될 가능성이 높습니다.

코린이 노트

장기적 추세 파악을 위해선 월봉과 주봉, 단기적 추세 파악을 위해선 분봉과 시봉을 본다.

기술적 분석에서 가장 기본적인 분석도구 중 하나가 바로 이동평균선 입니다. 5일 이동평균선은 5개장일 동안 자산 가격의 평균값 추이를 보여주죠. 어떤 코인의 가격이 최근 5개장일 동안 일별 10,000원, 12,000원, 13,000원, 14,000원, 15,000원의 주가를 형성했다면 평균값은 다섯 개 가격을 전부 더하고, 5로 나눈 값인 13,000원이 됩니다. 이렇게 5일을 묶어 평균값을 내어 그래프 상의 값 하나를 구합니다. 그 다음 값은 5일 중 첫째 날을 제외하고 여섯 째 날의 값을 포함해 평균을 내어 그리게 되죠.

최근 5일 이동평균선 가격이 13,000원이고 현재 주가가 15,000원이라면 최근 5일간 매수한 투자자들은 평균적으로 수익을 내고 있다는 것을 의미합니다. 반대로 현재 주가가 11,500원이라면 최근 5일간 매수한 투자자들은 평균적으로 손실을 내고 있다는 의미가 되죠.

보통 이동평균선은 주로 5일, 10일, 20일, 60일, 120일을 이용하는데요. 5, 10, 20일 이동평균선은 비교적 단기 이동평균선으로 단순 일봉 차트와 비교해봤을 때 비슷한 양상으로 흘러갑니다. 실제 주가가 이 이동평균선들 위에 있는 거죠.

단기 이동평균선들이 위로 상승하는 모습을 보여주고 있다면 이 자산은 단기적으로 상승 추세를 이어가고 있다고 생각하면 됩니다. 반대로 주가가 이동평균선 아래에 있다면 단기적 분석으로 하락 추세를 이어가고 있다고 판단하면 됩니다.

60, 120일 이동평균선은 중장기 이동평균선을 의미하는데요. 최소 3~6개월간의 주가 흐름을 한 번에 파악할 수 있습니다. 주가가 이 이동평균선들 위에 있고 이 이동평균선들이 위로 상승하는 흐름을 보여주고 있다면 해당 자산은 오랜 기간 동안 상승 추세를 이어가고 있다고 판단하면 됩니다.

기간별 이동평균선들의 배치를 보고 추세를 파악하기도 합니다. 현재가가 만약 5일 이동평균선 위에 있고 현 시점에서 각 기간별 이동평균선 가격이 5일 > 10일 > 20일 > 60일 > 120일 순서로 흐름을 보여주고 있다면 시장에서는 이것을 '정배열'이라고 부릅니다. 반대로 현재가가 5일 이동평균선 아래에 있고 5일 < 10일 < 20일 < 60일 < 120일의 흐름을 보여주고 있다면 이것을 시장에서는 '역배열'이라고 부릅니다.

정배열은 가격과 이동평균선이 꾸준히 상승하는 것으로 향후 강세가 이어질 가능성이 높은 패턴이고, 역배열은 가격과 이동평균선이 지속적으로 하락하는 것으로 향후 약세가 이어질 가능성이 높은 패턴입니다.

단기 이동평균선이 중장기 이동평균선 위로 돌파해서 올라왔을 때는 '골든크로스'라고 부릅니다. 시장의 흐름이 상승 추세로의 전환했음을 알리는 강한 상승 신호로 판단하기도 합니다. 그래서 '비트코인이 주봉 혹은 월봉에서 골든크로스가 나왔다'라는 이야기가 들리면 가상자산 전체의 상승을 예고하는 호재로 작용하기도 합니다.

비트코인 이동평균선 차트

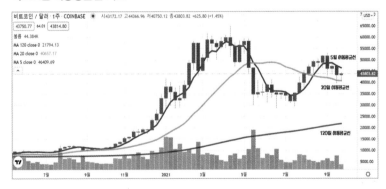

최근 5일 이동평균선이 20일 이동평균선 위로 올라오는 골든크로스가 나왔다

단기 이동평균선이 중장기 이동평균선 위에 있다 아래로 떨어졌을 때를 '데드크로스'라고 합니다. 데드크로스는 골든크로스와 반대로 하락 추세로의 전환을 알리는 신호 중의 하나입니다. 마찬가지로 '비트코인이 주봉 혹은 월봉에서 데드크로스가 나왔다'라는 이야기가 들리면 가상자산 전체의 하락을 예고하는 악재로 작용하기도 합니다.

비트코인은 주봉 이동평균선들이 데드크로스를 보였을 때 장기 하락 추세로 이어지는 경우가 많았었습니다. 참고로 알아두시면 좋습니다.

코린이 노트

이동평균선은 해당 기간의 평균값 변화를 나타낸 것으로 장기추세와 단기추세의 교차에 따라 시장 상황을 예측할 수 있다.

거래량이란 일정 기간 동안 해당 자산을 사고판 거래 금액의
총합을 의미합니다. 영어로는 간단하게 볼륨(Volume)이라고도 하
죠. 누군가가 어떤 자산을 500원이라는 가격에 1,000개를 매도
하고 다른 누군가가 그 1,000개를 매수했다면 1,000 × 500원
만큼의 거래 대금이 체결되겠지요? 그럼 거래량 50만 원이 발생
하는 겁니다.

가격의 변화와 함께 거래량의 변화도 살피면 좋은 참고 지표
가 됩니다. '주가는 속여도 거래량은 속이지 못한다'는 주식시장
의 오랜 격언처럼 거래량의 변화는 자산 가격 변화에 큰 영향을
줍니다.

실제로 호가창을 보면서 투자를 하다보면 가격이 상승하거나 하락을 하기 전에 거래량이 크게 늘어나는 상황을 많이 볼 수 있는데요. 거래량이 증가한다는 의미는 그 종목에 주목하는 사람이 많다는 뜻으로 생각해야 합니다.

관심을 많이 받으면 하락이든 상승이든 움직임이 터지는 방향으로 더욱 강하게 가격이 바뀔 수 있게 되는 거죠. 보통 자산 가격이 상승할 때 거래량이 크게 상승하는 양상을 보이면 수익이 발생한 투자자들이 대거 매도를 하지만 그 매도 물량을 새로운 매수세가 흡수하며 가격이 오르는 것이라 해석할 수 있습니다.

그러나 만약 자산 가격은 오르는데 거래량은 늘지 않는다면, 매수세가 크지 않은 것이라 해석할 수 있습니다. 때문에 금방 하락할 가능성이 높습니다.

거래량이 늘어난다는 것은 기존 투자자들의 매물을 소화할 만한 새로운 매수세가 유입된다는 신호가 되기도 합니다. 이 경우 자산의 가격은 더 올라갈 가능성이 높아집니다.

자산 가격이 하락하는데 거래량이 증가하는 경우는 꽤 좋지 않은 신호로 받아들일 수 있습니다. 자산을 사는 매수세도 많지만, 이를 매도 세력이 압도하면서 매도를 하는 것이기 때문에 거래량이 증가하면서 가격이 떨어지는 상태라 생각하면 됩니다. 매도세가 매우 강하다는 의미로 해석할 수 있는 거죠.

반대로 가격은 떨어지는데 거래량이 붙지 않는다면 금방 다시 반등할 가능성이 있습니다. 이런 현상은 단기적으로 자산의 가치에 영향을 주는 악재들이 나왔을 때 종종 발생하죠.

코린이 노트

거래량이 늘면서 가격이 오르거나 내리면 그 추세가 강한 것이라 볼 수 있다.

추세의 사전적 의미는 '어떤 현상이 일정한 방향으로 나아가는 경향'입니다. 이 의미를 자산시장에 적용하면 '자산 가격이 일정한 방향으로 나아가는 경향'이라 할 수 있습니다. 즉 상승 추세란 상승 방향이 지속되는 상황이고, 하락 추세란 하락 방향이 지속되는 상황입니다. 추세란 상승과 하락의 움직임이 그린 궤적과 이를 통해 유추할 수 있는 현재 방향성의 강도라 생각하면 되겠습니다.

물론 추세가 없는 경우도 많습니다. 주가가 옆으로 횡보하는 흐름이 나올 때 이를 '횡보 구간'이라고 하며 이는 딱히 추세가 없는 상태라 표현합니다. 횡보 구간에는 가격이 상승과 하락을 반복하는데 장기적으로는 오르지도 떨어지지도 않습니다.

기간에 따라서 추세를 구분하기도 합니다. 단기추세, 중기추세, 장기추세가 각각 존재하는데요. 장기추세는 상승인데 단기추세는 하락인 경우도 있고 단기추세는 상승인데, 장기추세는 하락인 경우도 많습니다.

보통 단기추세를 볼 때는 분봉이나 일봉을 보고, 중장기추세를 볼 때는 주봉이나 월봉을 봅니다. 투자하는 성향에 따라 단기로 투자 판단을 하는 투자자는 일봉, 시봉, 분봉의 추세를, 중장기로 투자 판단을 하는 투자자는 주봉과 월봉의 추세를 보고 판단하는 것이 분석에 용이할 겁니다.

가상자산 투자시장에도 관성의 법칙이 적용됩니다. 한번 형성된 추세는 계속 유지되는 경향이 있는데요. 상승 추세가 시작되면 계속 상승세가 이어지는 경향이 있고, 하락 추세가 시작되면 계속 하락하는 경향이 있습니다.

코린이 노트

자산의 가격은 변화에 따라 상승하거나 하락하는 추세를 띠며 이를 통해 가격의 흐름을 예측할 수 있다.

저항선과 지지선은
어떻게 그리나요?

  그럼 이제 추세를 유의미한 참고자료로 활용하기 위해, 추세선
을 그리는 방법을 간단히 살펴보겠습니다. 가격의 추세에 따라 저
점은 저점끼리만 연결하고, 고점은 고점끼리만 연결해보면 유의미
한 선을 발견할 수 있습니다.

  저점과 저점을 연결한 추세선은 '지지선'이라 하여 이 아래로
는 가격이 잘 안 내려갈 것이 기대되는 판단 기준이 됩니다. 고점
과 고점을 연결한 선은 '저항선'이라고 하여 이 위로는 가격이 잘
안 올라갈 것이라 예상되는 판단 기준이 됩니다.

  물론 지지선과 저항선은 일반적인 상황에서 추세와 동일한 양
상을 띠게 됩니다. 자산이 상승 추세를 그리고 있다면 지지선과 저

항선도 점차 우상향하는 모습을 보이고 자산이 하락 추세를 그리고 있다면 지지선과 저항선도 점차 우하향하는 모습을 보이겠죠.

상승 추세에서의 저항선과 지지선

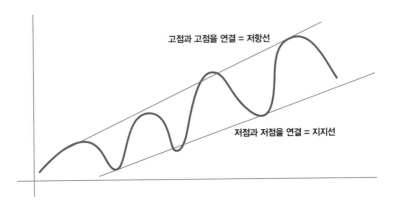

저항선에선 말 그대로 가격이 상승하다 저항을 맞고 내려올 확률이 높은 구간이 됩니다. 그리고 지지선이란 말 그대로 가격이 하락하다 지지를 받아 튕겨서 오를 확률이 높은 구간이 되죠.

차트의 저항선과 지지선은 판단에 중요한 참고사항이 됩니다. 저항선과 지지선에 따른 예측이 늘 맞는 것은 아니지만, 매수 포지션과 매도 포지션을 정할 때 단기적으로 참고하기에 유용하죠.

그런데 만약 자산 가격이 저항선 위로 가게 된다면, 그 저항선은 다시 내려오기에 힘든 선이 됩니다. 마치 원래의 지지선과 같은 역할을 하는 거죠. 예를 들어보도록 하겠습니다. 만약 비트코인 고점이 8,000만 원이고 현재 5,000만 원까지 가격이 내려왔다 가정해보겠습니다. 철수랑 영희는 각각 8,000만 원이던 고점에 진입하여 손해를 보고 있는 상황입니다. 이런 상황에서 철수와 영희는 어떤 심정일까요? 당연히 금액을 손실보고 있기 때문에 많은 스트레스를 받았겠죠.

그리고 약 5개월 후에 비트코인 가격이 매수했던 8,000만 원까지 오르게 됩니다. 철수와 영희는 어떻게 했을까요? 철수는 본전 심리가 작용하여 8,000만 원에 전량 매도하였습니다. 그리고 영희는 불안한 마음을 해소하고자 8,000만 원에 반 정도를 정리하였습니다.

생각해보면 철수와 영희같은 사람이 많아 비트코인 가격이 8,000만 원을 넘기 힘들었던 거죠. 전 고점이었던 8,000만 원이 사람들의 '본전 심리' 때문에 저항선으로 작용하는 것입니다.

그러다 비트코인 가격이 8,000만 원을 넘어 9,000만 원으로 상승했다고 가정해보겠습니다. 이미 8,000만 원 단계해서 매도할 물량은 전부 소화하고 올라온 것이라 볼 수 있겠죠? 8,000만 원 이상으로 가격이 올라야 유의미한 수익을 거둘 수 있는 투자 참여자들의 비율이 높아졌을 겁니다. 그렇기 때문에 저항으로 작용했던 8,000만 원 구간은 이제 지지 구간으로 작용하게 될 것입니다.

보통 전 고점이라던가, 여러 번 맞고 떨어진 구간이나 여러 번 지지했던 구간, 길게 횡보했던 구간, 전 저점 등은 저항선이나 지지선으로 작용합니다. 차트를 펼쳐서 살펴보면 이런 구간이 굉장히 많다는 걸 알 수 있죠.

앞서 말했듯 이에 따른 예측이 전부 다 정확하게 맞지는 않습니다. 하지만 거래량과 이동평균선, 추세선과 지지·저항선을 동시에 살펴보면 그 정확도가 올라가고 시장 상황을 함께 살펴본다면 더욱 유의미한 정보가 될 것입니다.

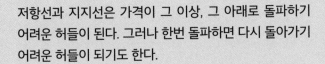

코린이 노트

저항선과 지지선은 가격이 그 이상, 그 아래로 돌파하기 어려운 허들이 된다. 그러나 한번 돌파하면 다시 돌아가기 어려운 허들이 되기도 한다.

차트를 통해 가격을
예측할 수 있나요?

차트에 대한 여러 분석 방법이 있지만 제가 선호하는 것은 다음과 같습니다. 가격의 고점과 고점을 연결한 저항선과, 저점과 저점을 연결한 지지선을 만들어 가격이 저점을 연결한 선과 가까워지면 매수하고, 고점을 연결한 선과 가까워지면 매도하는 방식입니다. 이러한 투자 기법을 '레인지 트레이딩'이라고 합니다. 이 방법에 대해서 알면 투자 의사결정의 정확도를 한 층 올릴 수 있죠.

거시적 관점에서 차트의 저점은 '악재'와 '공포' 혹은 시장 상황이 '최악'인 경우에 해당합니다. 그리고 고점인 부분은 '호재'와 '환희' 혹은 시장 상황이 '최상'인 경우에 해당합니다. 수년 이상 거래된 자산의 월봉 차트에서 저점과 저점인 부분을 잇고, 고점과 고점을 이어보면 해당 자산의 '역대 최악의 상황과 최상의 상황

기준'을 만들 수 있습니다. 이 기준은 '장기적으로 성장 중인 자산이다'라는 가정을 하나 하면 매우 유용한 정보가 됩니다.

2004년~현재 삼성전자 차트

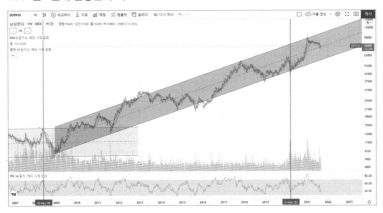

위 차트에는 저점과 저점을 잇고 고점과 고점을 이어, 역대 최악의 상황과 최상의 상황을 살펴볼 수 있는 채널(색깔 박스)이 만들어져있습니다. 2008년 금융위기 때의 저점과 2020년 팬데믹 위기 이후의 저점을 이어 채널 하단을 만들었습니다. 그리고 2018년 고점과 최근 고점을 이어 채널 상단을 만들었습니다. 최근 10년은 채널 상단에 닿을 때마다 고평가 영역(비싼 구간)이었고, 그럴 때마다 매도를 하는 것이 결과적으로 좋은 선택이었습니다.

이 매매법이 의미가 있으려면 다음과 같은 조건을 충족해야 합니다.

1. 자산 혹은 기업의 성장속도가 그리 빈번하게 달라지지는
   않는다.
2. 기업이 계속 성장하여도 주가는 Up&Down을 반복한다.
3. 자산이나 기업에 큰 문제가 생길 순 있어도, 생존을 위협
   할 정도의 문제가 발생하지는 않는다.

조건이 세 가지나 있냐고 하실 수도 있지만 이 세 가지 조건에
어긋나는 상황이 쉽게 생기지는 않을 거라는 점에 대해서 대부분
의 사람들이 동의하실 겁니다. 그렇다면 해당 자산의 저점과 고점
을 예상할 수 있기에 여유있게 시간을 두고 기다리면 큰 수익을
벌어들일 수 있겠죠.

2012년~현재 비트코인 차트

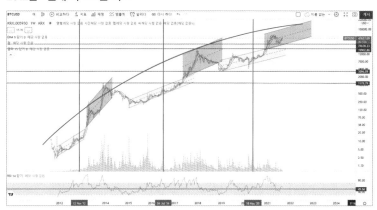

색깔 박스는 상승 초입부, 색깔 곡선은 고점 추세선, 색깔 직선은 비트코인 채굴량 반감기

차트에 대해서 완전히 부정하는 사람들도 있습니다. 차트는

과거의 지표이기 때문에 미래를 예상하는 데 도움이 되지 않는다고 이야기합니다. 과거는 과거일 뿐 시시각각 변하는 미래의 삶은 다르게 흘러갈 거라는 의미입니다. 언뜻 보면 이 말은 맞는 듯하지만, 과거 차트에는 생각보다 많은 정보가 담겨 있습니다.

차트는 통계와 심리를 반영합니다. 차트를 보면 어떤 이슈에 대해서 당시 시장 참여자들이 공포에 사로잡혀 있는지, 환희에 차 있었는지 알 수 있습니다. 예를 들면 거래소 상장이라는 이슈가 있을 때마다 많은 코인들이 급상승하는 경향이 있었습니다. 우리는 이 정보를 각 코인의 차트를 통해서 확인할 수 있죠. 만약 업비트나 코인원 같은 대형 거래소에 상장할 예정인 코인이 있다면, 그리고 그 코인을 미리 사둘 수 있다면 우리는 그 코인에 투자해 높은 확률로 수익을 얻을 수 있을 겁니다. 이처럼 과거 사례는 현재의 매수 결정에 다양한 영향을 주게 됩니다.

코린이 노트

차트의 변화를 살펴보면 과거 장세로부터 다양한 정보를 얻을 수 있다.

헤드앤숄더 패턴이
뭔가요?

헤드앤숄더(Head & Shoulder)에서의 헤드는 머리이고 숄더는 어깨죠? 사람의 머리와 어깨 모양이 자산 가격 차트에 그대로 나타난다 하여 붙여진 이름입니다.

차트 분석을 위해 개발된 패턴들은 정말 다양합니다. 그중에는 코에 걸면 코걸이 귀에 걸면 귀걸이라는 평가를 받을 정도로 억지로 끼워맞춘 것들도 있죠. 영향을 미치는 변수가 워낙 많아 유의미한 패턴은 거의 없다고 볼 정도입니다. 하지만 그 중에서 괜찮은 패턴이라고 생각하는 것은 바로 헤드앤숄더 패턴입니다. 가격의 고점과 저점을 확인하는 지표 중에서 자주 쓰이며 적중 확률이 높기 때문입니다.

헤드앤숄더에는 2가지 패턴이 있습니다. 고점을 나타내는 헤드앤숄더와 저점을 나타내는 역헤드앤숄더입니다. 고점을 나타낸다는 것은 그 뒤 하락이 이어질 것이라는 뜻이 됩니다. 반대로 저점을 나타낸다는 것은 그 뒤 상승이 이어질 것이라는 말이 됩니다.

헤드앤숄더 패턴

먼저 고점을 나타내는 헤드앤숄더부터 알아보겠습니다. 위 차트는 전형적인 고점을 나타내는 헤드앤숄더 패턴을 보여주고 있습니다. 머리 부분에 최고점을 형성하고 하락하고 있죠. 왼쪽보다 오른쪽 어깨의 고점이 조금 더 높아야 하는 게 헤드앤숄더 패턴의 정석이지만 시장에 정석이란 존재하지 않습니다. 오른쪽 어깨가 비슷하거나 낮아도 크게 상관은 없습니다.

헤드앤숄더 형태가 만들어졌다고 해서 주가가 무조건 급락하는 것은 아닙니다. 이러한 패턴이 나온 이후 저점과 저점을 연결한 지지선을 이탈할 때 비로소 하락 추세가 시작됩니다. 위 차트에서는 오른쪽 어깨를 내려온 가격이 지지선 아래로 빠져 쭉 하락하는 걸 볼 수 있습니다.

역헤드앤숄더 패턴

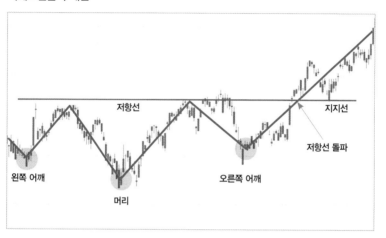

역헤드앤숄더는 헤드앤숄더를 180도 뒤집어놓았다고 생각하면 됩니다. 머리가 가장 아래에 있고, 양 옆으로 어깨가 있습니다. 최저점을 형성하는 부분이 머리가 되고, 왼쪽과 오른쪽에 또 다른 저점이 형성됩니다. 오른쪽 어깨가 끝난 뒤에 패턴의 고점과 고점을 연결한 저항선을 돌파하면 본격적인 상승 추세가 시작되는 것을 확인할 수 있습니다.

헤드앤숄더 패턴은 주가의 고점과 저점을 비교적 명확하게 알 수 있는 패턴입니다. 특히 지지선과 저항선을 이탈하거나 돌파할 때 새로운 추세가 형성되는 경우가 많기 때문에 꼭 숙지해두셔야 합니다.

코린이 노트

헤드앤숄더는 양 어깨와 머리로 이뤄진 차트 상의 패턴으로 주가의 고점과 저점을 파악하는 데 용이하다.

엘리엇 파동이론이
무엇인가요?

가끔 유튜브에서 투자 관련 이야기를 듣다보면 상승 1파, 하락 마지막 파동 등의 이야기를 들어본 경험이 있으실 겁니다. 과연 이 '1파, 파동' 등은 어디서 나온 이야기일까요?

엘리엇 파동 상승 5파 하락 3파의 양상

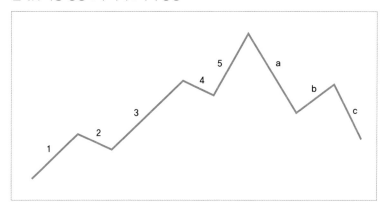

'엘리엇 파동'은 가장 대표적인 주식 이론입니다. 엘리엇 파동에 따르면 주식의 가격은 상승 5파와 하락 3파로 흐름이 이어집니다. 상승 장세에서 5번의 가격 뒤틀림을 겪으며 하락 장세에서 세 번의 가격 뒤틀림을 맞는다는 말이죠.

이 파동들은 다음과 같은 규칙에 따라 나타납니다.

- 2번의 파동의 끝점이 1번 파동의 시작점 이하로 내려가지 않는다.
- 3번의 파동의 상승이 가장 크다.
- 4번 파동의 끝 점이 1번 파동의 끝점과 동일 선상에 있지 않는다.
- 어느 한 파동이 연장되면 다른 파동들은 연장되지 않는다.
- 2번, 4번 파동은 반복되지도 않고 연장되지도 않는다.

엘리엇 파동은 파동이 다 그려지면 알기 쉽지만 파동이 진행 중에 있을 때는 차트 분석가들도 해석에 차이를 보이는 경우가 많습니다. 주식시장에서 중, 장기 추세 파악에 용이하게 활용하는데, 가상자산 시장은 차트가 반복되는 사이클이 주식보다 훨씬 빨라서 거래 시점을 잡기 어려울 수 있습니다.

또한 가상자산 시장이 계속 커지고 있는 상황이라 많은 코인의 가격이 우상향을 보이고 있어 엘리엇 파동을 적용하는 데 어려운 경우가 많습니다. 따라서 주식보다 가상자산 시장은 엘리엇 파동을 통한 분석이 안 맞을 가능성이 높은 것은 사실입니다.

뿐만 아니라 엘리엇 파동이론의 창시자 엘리엇은 '창시자와 창시자가 인정한 사람들 외 다른 사람이 사용할 경우 절대 맞지 않을 것'이라고 언급한 적도 있죠. 그만큼 이론에 대한 깊은 이해가 없다면 활용하기 어렵다는 의미인데요.

그럼에도 불구하고 여전히 시장에서는 투자 실력을 떠나 수많은 투자자들이 엘리엇 파동이론에 대한 갑론을박을 벌이고 있습니다. 세계적인 투자회사 골드만삭스는 비트코인의 가격 예측 리포트를 엘리엇 파동이론을 활용하여 발표하기도 했죠. 만약 여러분이 이 분석법을 제대로 사용하시려면 따로 엘리엇 파동이론에 관한 전문서적을 읽어보시길 권하고 싶습니다.

코린이 노트

엘리엇 파동이론은 상승장에서의 5파와 하락장에서의 3파로 이뤄진 차트 패턴이다.

코린이가
블록체인 산업을
이해하기 위해
필요한 지식 8가지

블록체인은
가치가 있나요?

2018년 12월 초 비트코인 가격이 400만 원 대까지 하락하며 가상자산 시장이 요동쳤습니다. 2018년 1월 초에 최고가 2,880만 원을 기록했던 것과 비교하면 불과 1년 사이에 7분의 1 수준으로 하락한 것입니다. 비트코인을 필두로 가상자산 가격이 폭락하자 관련 스타트업은 폐업을 선언하였고 유력하다고 평가되던 가상자산 기업들도 대대적인 구조조정에 나섰습니다.

이를 두고 일부 언론에서는 '블록체인에 미래는 없다'는 식의 비관적인 기사를 내놓기도 하였죠. 거듭 말씀드리지만 이때 시장은 공포 상태였고 강력한 매수 찬스였습니다. 하락장 때는 하락을 위한 재료가 끊임없이 나옵니다. 비트코인의 가치에 대해 확신하지 못한다면 이러한 재료에 흔들리고 패닉셀을 해버리게 되죠.

당시 가상자산 가격이 폭락한 배경에는 세계적인 규제 강화 추세와 대형 채굴업체의 연이은 폐업, 비트코인 캐시의 하드포크 (Hard Fork) 등 여러 가지 악재가 겹치고 겹쳤기 때문입니다. 그리고 이는 모두 블록체인 기술과는 무관한 외적 요인들이었지요. 비트코인의 가치가 하락했다고 해서 블록체인의 가치까지 하락하는 것은 아닙니다. 블록체인이 지닌 기술적 속성까지 평가 절하되어서는 곤란합니다.

블록체인 연구소의 공동창업자이자 〈블록체인 혁명〉의 저자 돈 탭스콧 / 출처 : 플리커

블록체인이 비트코인을 위해 만들어진 것은 맞지만, 비트코인 이상의 잠재적 가치를 지니고 있기 때문입니다. 세계적인 베스트셀러 〈블록체인 혁명〉의 저자이자 미래학자인 돈 탭스콧은 블록체인을 '제2의 인터넷 혁명'이라 정의하며 "인터넷이 그러했듯이

블록체인은 모든 산업의 구조를 근본적으로 변화시킬 수 있는 폭발력 있는 기술"이라고 평가했습니다.

블록체인이 4차 산업혁명의 핵심 기술이라 불리는 이유입니다. 블록체인 기술은 탈중앙화를 기치로 하여, 지금 이 순간에도 세계 전역에서 다양한 시도를 통해 빠르게 발전을 거듭하고 있습니다.

코린이 노트

가상자산의 가격이 떨어지더라도 블록체인 기술은 세계 곳곳에서 기술적 혁명을 거듭하고 있다.

블록체인은 실질적으로 어떤 변화를 가져오게 되나요?

그러나 대중들에게 블록체인이 그저 어려운 기술로만 보이고, 손에 잡히지 않는 허구처럼 느껴지는 것은 현재로서는 블록체인을 활용한 생활 밀착형 서비스가 부재하기 때문입니다. 블록체인이 투자 수단으로서만 의미가 있는 가상자산의 단계를 넘어 더 큰 가치를 창출하기 위해서는 실생활과 밀접하게 결합된 서비스의 성공이 필요할 것입니다. 생활밀착형 서비스 프로젝트가 성공하는 사례가 등장하면 블록체인 기술이 대중들의 관심을 얻는 기폭제가 될 것입니다.

실제로 경제와 금융 분야에서는 이미 블록체인을 자사 서비스에 도입하거나 가상자산을 파생상품에 견주어 분석하는 전문 애널리스트가 등장하는 등 블록체인이 자리 잡는 움직임이 뚜렷합니다.

예술 분야에서도 예술가와 박물관 및 미술관을 위한 블록체인 기반의 예술 거래 플랫폼이 등장하였습니다. 이 플랫폼의 블록체인 기술은 예술품의 위변조를 막아 투명한 거래가 이뤄지도록 하고 있습니다.

배달주문 플랫폼에서도 블록체인 기술을 접목해 높은 중계 수수료를 없애고, 맛에 대한 리뷰나 댓글 작성자에게는 코인을 지급하는 시스템의 도입을 추진 중입니다.

향후 실생활은 물론 다양한 분야에서 블록체인 업체들이 등장해 경쟁할 것으로 예상되고 있는 가운데, 전문가들은 구글, 아마존과 같은 초대형 국제 기업도 블록체인 사업에 뛰어들 것으로 기대하고 있습니다.

특히 많은 기업들이 결제 분야에 블록체인을 적용하기 위한 움직임을 보이고 있습니다. 일례로 아마존은 2021년 블록체인 전문가를 대거 채용하면서 "현대적이고 신속, 저렴한 결제를 가능케 하는 새로운 기술이 구축될 것"이라며 "소비자에게 가능한 빨리 관련 서비스를 제공하길 원한다"고 설명했죠.

수많은 블록체인 기업들이 경쟁을 벌이는 상황 속에서는 '차별화된 토큰 이코노미'를 설계할 수 있는 기업이 우위에 설 것이라 예상됩니다. 블록체인은 다른 IT 기술이 갖고 있지 않은 중요한 요소를 가지고 있습니다. 바로 인센티브로 보상되는 '토큰'인데요. 이 토큰의 지급은 '행위에 따른 정당한 가치 제공'이라는 경제 구조를 만들어 블록체인 비즈니스의 가능성을 한 층 더 확장시킵니다.

가상자산 사업 분야에서는 블록체인 기술이 어떻게 필요한지를 판단하는 비즈니스 모델 구상이 첫 번째 단계였다면, 그 다음 단계는 바로 토큰 이코노미를 통해 어떻게 그 문제를 해결하는 구조를 만들지 설계하는 것이라 할 수 있습니다.

코린이 노트

블록체인에 있어 네트워크 참여를 유도시키는 합리적 보상체계의 구축(토큰 이코노미)은 필수적이다.

토큰 이코노미가 무엇이고 왜 필요한 것인가요?

토큰 이코노미는 매우 이상적인 경제 시스템입니다. '참여자 모두에게 자동으로 보상을 준다'라는 기본 개념은 지금까지 존재하지 않았던 분배 체계이자 경제 시스템이죠. 대신 블록체인 네트워크에는 사람들의 참여 혹은 행동을 그때그때 지시하거나 강제할 수 있는 중앙 컨트롤 타워가 없습니다. 그러다 보니 구성원들의 자발적 참여와 협력을 이끌어낼 수 있는 시스템을 어떻게 구성하느냐가 성패를 가릅니다.

토큰 이코노미는 블록체인 시스템의 구조를 유지하는 강력한 힘이자, 참여자 간 협력을 유도하는 장치입니다. 기존의 비즈니스에서는 개발자와 주주 등 특정 이해관계자만 보상을 받았다면, 토큰 이코노미는 생산자와 소비자 양쪽 모두가 적당한 보상을 받을 수 있도록 설계되어 있습니다. 플랫폼 개발자나 운영자는 물론 플랫폼 상의 서비스 제공자나 소비자 등 모든 참여자가 보상을 받습니다. 누구든 참여 기여도에 따라 보상을 주기 때문에 자발적이고 능동적인 '선한 행동'이 가능한 것입니다.

블록체인을 이용한 토큰 이코노미의 성공적인 사례로 가장 유명한 것이 바로 '스팀잇(Steemit)'입니다. 스팀잇은 스팀(STEEM)이라는 블록체인 플랫폼을 활용하여 2016년부터 시작된 소셜 네트워크 서비스로, 누적 가입자 수는 2019년 3월 기준 123만 명을 돌파했습니다. 스팀잇이 토큰 이코노미의 대표 사례로 평가받는 이유는 중앙화된 관리 조직 없이도 사용자를 중심으로 한 서비스 생태계가 잘 구축되어 있기 때문입니다. 그 바탕에는 치밀하게 설계된 보상 시스템이 핵심 역할을 하고 있습니다.

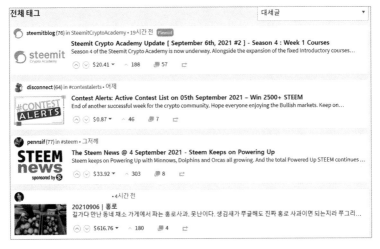

스팀잇 사이트 캡처, 일반 SNS처럼 블록체인 외에도 다양한 분야의 글이 올라온다

스팀잇은 콘텐츠를 게시(Posting)한 생산자와 좋은 콘텐츠를 추천(Upvote)한 소비자 모두에게 토큰을 보상으로 제공합니다. 콘텐츠를 생산하는 것만큼 좋은 콘텐츠를 선별할 수 있도록 하는 추천의 역할도 큰 것이 특징입니다. 추천을 많이 받은 콘텐츠 생산자는 그에 비례하여 많은 보상을 받을 수 있으며, 좋은 콘텐츠를 알린 소비자 역시 보상을 받을 수 있습니다. 다른 사용자들에게 인정받을만한 좋은 콘텐츠를 일찍 추천하는 것도 보상을 받을 수 있는 방법 중 하나인 것입니다.

최종 보상은 콘텐츠 생산자에게 75%, 콘텐츠를 추천한 소비자들에게 25%가 배분됩니다. 가치를 만드는 모든 참여자에게 공정한 보상이 이루어지는 시스템을 구축한 것이 스팀잇이 성공할 수 있었던 가장 주요한 요인 중 하나입니다.

토큰 이코노미의 근간이 되는 블록체인은 인공지능이나 사물인터넷 등과 결합하여 더 큰 생태계를 만들 수 있습니다. 예를 들어 집 안에 있는 인공지능 기반의 홈 IoT 기기를 통해 확보되는 수많은 데이터는 단순히 제품의 고장 진단이나 고객의 맞춤형 마케팅 등에 활용될 수도 있지만, 이 데이터들을 원하는 제조사나 플랫폼 기업에 제공함으로써 새로운 가치를 창출할 수 있습니다.

데이터를 제공하는 개인은 토큰 이코노미 관점에서 보상을 받으면서 동시에 프라이버시의 보호도 받을 수 있습니다. 보상받은 토큰으로는 해당 제품의 애프터서비스나 신상품을 구매할 때 사용할 수도 있을 겁니다.

방향만 정확하다면 블록체인은 진화를 거듭하면서 점차 구체적인 실체를 우리 앞에 드러낼 것입니다. 그 중에서 가장 핵심적인 것이 바로 '토큰 이코노미'가 될 것입니다. 다가올 미래가 '토큰 이코노미'라고 한다면, 우리는 지금 어떤 코인에 투자를 할지 어느 정도 방향성을 잡을 수 있겠죠?

코린이 노트

블록체인을 통해 생산적인 토큰 이코노미를 구현해나가는 서비스가 많이 생길 것이고, 일상 생활에서 이를 흔히 접하게 될 것이다.

공개키와 사설키가
무엇인가요?

비대칭 암호 알고리즘은 보안 시스템의 일종입니다. 암호화하고 복호화하는 서로 다른 두 개의 '키(Key)'를 가지는 체계인데요. 많은 블록체인 네트워크에서 가상화폐를 보관하는 '지갑'을 구현하기 위해 활용되고 있습니다. 보안을 잠그고 열기 위해선 한 쌍으로 이뤄진 두 개의 키가 있어야 하는데, 한 쪽 키로 암호화하면 다른 한 쪽의 키로 복호화(암호 해제)할 수 있습니다.

이 두 개의 키에는 공개키(Public Key)와 사설키(Private Key)가 있습니다. 공개키는 외부에 공개된 키이고, 사설키는 본인만 알아야 하는 키입니다. 공개키로 암호화한 것은 사설키로 복호화할 수 있고 사설키로 암호화한 것은 공개키로 복호화할 수 있습니다. 모두가 아는 공개키로 암호화를 하는 경우 이를 해제하기 위해선 나만 아는 사설키가 필요합니다. 반대로 나만 아는 사설키로 암호화를 했을 때는 누구나 이를 복호화할 수 있게 됩니다.

이 때문에 두 가지 유형의 보안적 특징을 활용할 수 있게 됩니다. 바로 '기밀성'과 '부인 방지'인데요. 누구나 아는 공개키로 암호화하여 자신만 아는 사설키로 복호화하는 보안 유형은 기밀 내용을 보관할 때 유용합니다. 사설키 소유주만이 복호화해서 내용을 볼 수 있기 때문입니다.

반면 사설키로 암호화하여 누구나 아는 공개키로 복호화할 수 있게 하는 보안 유형은 약속 내용을 부인하는 걸 방지하는 기능, 즉 전자서명과 같은 시스템에 활용됩니다. 누구든지 공개키로 복호화하여 내용을 볼 수 있기 때문입니다.

사람들은 해당 키의 보유자가 누구인지를 특정할 수 있기 때문에 전자서명의 내용은 유효하게 되죠. 물론 블록체인 시스템의 특성대로, 열람한 제3자는 물론 서명한 당사자 또한 과거에 서명한 사실이나 내용을 위조하거나 삭제할 수 없습니다.

가상자산을 보관하는 지갑에는 위에서 설명한 두 방식의 비대칭 암호 알고리즘에 기반한 보안 기능이 구현되어 있습니다. 지갑의 거래정보 열람 권한과 그 지갑에 돈을 보낼 수 있는 권한은 '부인 방지' 보안으로 설정해놓고 모두가 그 지갑의 거래 정보를 확인하거나 그 지갑에 가상자산을 송금하도록 설정할 수 있습니다.

반대로 지갑 내의 가상자산을 송금하는 실질적인 권한은 '기밀성' 보안으로 설정해놓고 지갑 소유주만 사용할 수 있게 설정해놓지요.

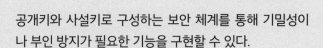

코린이 노트

공개키와 사설키로 구성하는 보안 체계를 통해 기밀성이나 부인 방지가 필요한 기능을 구현할 수 있다.

코린이가 궁금한 질문

52

DID란
무엇인가요?

DID(Decentralized Identify : 분산 신원증명)란 한마디로 '블록체인을 이용한 탈중앙화 인증서비스'입니다. 개인의 신원에 대한 인증 작업을 특정 중개기관이 아닌 탈중앙화된 블록체인 네트워크에 맡기는 방식이죠. 향후 온라인 신원인증 산업에 커다란 영향을 미칠 전망입니다. DID만의 시장을 형성할 정도로 급부상하고 있습니다.

DID가 왜 이렇게 주목받는지를 이해하기 전에 우선 DID의 원리를 이해해야 합니다. DID는 앞서 설명한 비대칭 암호 알고리즘의 '부인 방지' 기능에 기반을 두고 동작합니다. 문서 발행에 관한 공증을, 부인 방지를 기반으로 한 전자서명 방식으로 진행하는 것인데요. 검증자는 부인 방지 기술이 적용된 문서라는 것만

확인하면 주최 기관의 발행 사실을 신뢰할 수 있게 됩니다.

이해를 위해 좀 더 상세히 살펴보겠습니다. 사용자는 공증 문서를 DID로 발급받을 수 있습니다. 이때 발행자는 공증한 문서에 사설키로 전자서명을 합니다. 그리고 공개키는 블록체인 플랫폼을 통해 공유해 누구든지 전자서명 발행 정보를 검증할 수 있게 합니다. 이에 따라 사용자는 발행자로부터 발급받은 문서를 특정 기관에 제출할 수 있고, 해당 기관은 공개키를 통해 문서 진위를 판별할 수 있게 되는 것입니다.

DID의 이러한 방식은 신원인증 분야에 어떤 혁신을 불러오는 것일까요? 여기서 발생하는 혁신은 크게 두 가지로 구분할 수 있습니다. '자기주권증명(SSI ; Self Sovereign Identify)'과 '영지식증명(ZKP ; Zero Knowledge Proof)'입니다. 자기주권증명은 개인정보 권한을 본인이 가지고 있고 인증 또한 타인이 아닌 본인이 직접 할 수 있게 만드는 체계입니다. DID를 통해 우리는 자기주권증명을 구현할 수 있겠죠.

영지식증명은 직접적인 정보를 드러내지 않고 진위를 판별시키는 개념입니다. 보유한 정보공개 범위를 조정하는 것이죠. 성인인증을 예로 생각해보겠습니다. 만약 편의점에서 담배 구매를 위해 꼭 주민등록증을 보여줄 필요가 있을까요? 주민등록증을 보여주는 순간 불필요한 개인정보가 과다하게 노출되는 겁니다. 암호화된 검증시스템을 통해 성인 여부만을 인증할 수 있게 만들면 되지 않을까요? DID는 이를 가능하게 합니다.

예를 들어 개인정보를 QR코드 형태로 만들어 본인 여부를 증명할 수 있죠. 물론 이는 온라인에서도 가능합니다. 정보공개 범위를 진위 판별까지로 정할 수 있게 되는 것이지요. 그렇게 되면 불필요한 정보를 노출하지 않아도 되는 편의가 생기겠지요?

많은 기업과 기관이 이미 DID 사업에 진출했습니다. 병무청은 이미 DID 기반 인증 서비스를 상용화해 운영하고 있습니다. 국내 소프트웨어 기업 한글과컴퓨터는 라이프 블록체인이라는 서비스를 선보이면서 DID 사업에 진출했죠.

그 외에도 DID 협의체로 '이니셜 컨소시엄'이 운영되고 있습니다. SK텔레콤·KT·LG유플러스 등 통신사를 비롯해, 삼성전자·우리은행·코스콤 등이 참여하고 있습니다.

한편 신용카드 업계에서도 블록체인과 가상자산을 도입하고 있습니다. 미국 신용카드 회사 비자는 2019년 IBM과 협력해 비자 'B2B커넥트'라는 블록체인 기반 디지털 신원확인 시스템을 출시하였습니다. 글로벌 신용카드사 마스터카드는 블록체인과 가상자산에 관련한 특허를 60개 이상 등록했습니다.

업계 흐름에 맞춰 국내에서는 신한카드가 블록체인 전문기업 '글로스퍼'와 함께 블록체인 기반 신규 서비스에 대한 개발 및 상용화를 추진하기로 했으며, KEB하나은행은 국내 최초로 블록체인을 활용한 글로벌 페이먼트 허브 작업에 착수했습니다. 블록체인 기업 코인플러그는 자체 블록체인인 메타디움 엔터프라이즈 1.0을 개발했으며, 현대카드, 신한카드 등 유수의 금융기관에 블록체인 기술을 적용한 솔루션을 제공하고 있습니다.

앞으로 DID 산업의 발전과 블록체인 산업의 확장은 더 많은 변화를 일으킬 것으로 기대됩니다. 이러한 변화 흐름과 트렌드를 읽고 코인을 공부해나간다면 더 효과적으로 새로운 투자처를 발굴할 수 있겠지요?

코린이 노트

미래에는 블록체인을 통해 자신의 개인정보를 능동적으로 관리하고 활용할 수 있게 된다. 그리고 이러한 관련 산업도 커질 것이다.

디파이가
무엇인가요?

디파이(Defi)는 'Decentralized Finance'의 약어로 번역해 보면 '탈중앙화 금융서비스'가 됩니다. 그러나 단순히 탈중앙화를 했다는 개념만으로는 현재의 디파이를 설명하는 데 부족한 점이 있기에 우선 기존의 중앙집중식 금융과 비교하여 디파이의 차이를 살펴보도록 하겠습니다.

가장 첫 번째 차이점은 신뢰를 보증하는 방식입니다. 예를 들어 이용자가 은행에 예금을 하는 경우 우리는 은행에 그 돈이 있을 것을 믿습니다. 더 정확하게는 은행에서 운영하는 전산 시스템에 이용자가 예금했다는 증표인 전자적 기록을 믿는 것입니다. 우리는 이를 확인하기 위해 통장의 기록을 확인하거나 모바일 기기 등을 통해 은행 전산 시스템을 들여다볼 수 있습니다.

중앙집중식 금융과 탈중앙화 금융 비교

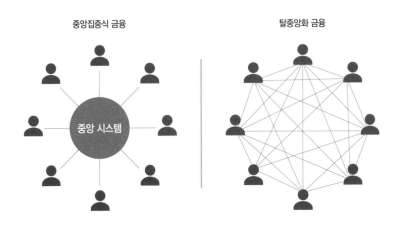

중앙집중식 금융

탈중앙화 금융

중앙 시스템

출처 : 한국인터넷진흥원

탈중앙화 금융에서는 이를 좌지우지할 수 있는 주체도 없어야 하지만 이를 보증하는 기관도 없어야 합니다. 따라서 이용자들 서로가 서로를 신뢰할 수 있는 체계가 필요합니다. 탈중앙화 금융의 구현에 블록체인 네트워크가 꼭 필요한 근본적인 이유도 여기에 있습니다. 중앙화된 보증기관 없이 네트워크를 믿어야 하기 때문에 투명한 블록체인을 기반으로 만들어져야 하는 것이죠.

그렇다면 이런 블록체인 네트워크가 갖춰지기만 하면 디파이 서비스가 작동하는 걸까요? 예를 들어 가장 대표적인 금융서비스인 '대출 서비스'는 금융기관이 정한 이자 정책대로 운용됩니다. 대출 서비스 이용자는 은행과 대출 계약을 체결하죠. 이 계약을 기반으로 고객은 대출금을 받아 사용한 뒤 정해진 일정마다 이자와 원금을 상환합니다. 디파이 서비스에서는 블록체인 네트워크가 중앙기관 없이 거래를 보증할 수 있는 수단이 된다고 하지만 그것만으로 모든 서비스를 작동시키기엔 부족합니다. 각 서비스 사안마다 약속을 정하고 이행을 강제할 수 있는 수단이 필요합니다.

블록체인 네트워크상에서 이러한 금융거래 약속을 정하고 이행을 강제시킬 수 있는 수단이 바로 '스마트 계약'입니다. 스마트 계약이란 계약 당사자 간에 사전합의 된 내용을 프로그래밍을 통해 전자계약 형태로 체결하고, 조건이 충족되면 자동으로 계약 내용을 실행하도록 구현한 시스템입니다. 예를 들어 비트코인을 담보로 대출을 받았는데 채무불이행이 나왔을 경우엔 자동적으로 비트코인 담보물을 회수하도록 시스템화되어 있는 것입니다. 따라서 스마트 계약은 제3의 보증기관 없이 개인간의 계약 체결이 가능하도록 만들어 줍니다.

코린이 노트

디파이에서는 다양한 금융 거래를 맺고 이를 이행시키기 위해 스마트 계약을 맺는다.

디파이와 비슷한 씨파이(C-fi)는 무엇인가요?

씨파이(C-Fi)는 'Centralized Finance'의 약어로 디파이와 똑같이 가상자산을 주고받는 금융서비스나 기성 금융의 형태인 중앙화된 시스템을 취하고 있는 서비스를 말합니다. 가장 대표적인 서비스는 바로 가상자산 거래소가 있죠. 우리는 가상자산을 사거나 팔고 싶을 때 가상자산이 상장되어 있는 거래소를 24시간 365일 언제든 이용할 수 있습니다.

대한민국에는 2013년 최초로 가상자산 거래소가 생겼습니다. 당시 가상자산 거래소에는 가상자산 매매를 중개하는 것 외에는 부가적인 서비스가 없었는데요. 가상자산 거래소의 매매 중개 업무는 전통 자본시장에서의 한국거래소(KRX)와 그 기능이 유사했습니다. 그런데 최근 디파이 서비스의 출현으로 가상자산 거래소 또한 거래소 기능 이외에, 마치 은행과 같은 다양한 기능이 생기고 있습니다. 가상자산을 예치하면 이자를 지급하거나 가상자산을 담보로 다른 가상자산을 대출해주는 서비스를 운영하고 있죠.

국내 거래소 금융서비스 운영 현황

구분	대출(Lending)	예치(Staking)	수탁(Custody)
빗썸	○(델리오)	○(불닥스 등)	×(중단)
업비트	×	○(디엑스엠)	×(중단)
코인원	×	○(자체 운영)	×

괄호 내용은 운영 상황, 대행 업체

위 표에서 대출과 예치는 앞서 말씀드린대로 이해하면 됩니다. 추가로 수탁 서비스의 경우 주로 기관 투자자들이 이용하는 서비스인데요. 기업과 기관이 비트코인 등 가상자산에 투자해 일정량을 보유하고 있다면 이를 보관할 수단이 필요해지는데 이 기능을 대신해주고 수수료를 받는 거라 생각하시면 됩니다.

기업 컴퓨터나 서버, 하드월렛에 직접 보관할 수도 있지만 그럴 경우 관리 리스크가 발생하기 때문에 가상자산 거래소에 이를 일임하는 것이죠. 2021년 9월 특정금융정보법이 시행됨에 따라 국내 주요 가상자산 거래소들은 규제 리스크를 감소시키고자 수탁 서비스 운영을 중단한 상태입니다.

빗썸은 2020년 4월 예치(Staking) 서비스를 출시했고 대출 서비스에 대해서는 외부기관인 델리오에 운영을 맡기고 있습니다. 업비트는 계열회사인 디엑스엠을 운영사로 두고 있었는데, 최근 디엑스엠에서 진행하고 있던 가상자산 서비스를 업비트로 이관하였습니다.

국내 가상자산 거래소의 금융서비스는 비교적 최근에서야 활성화 되었습니다. 코인원이 2019년 12월 최초로 예치 서비스를 시작했으며, 빗썸과 업비트는 2020년 4월과 9월로 그 뒤를 이었습니다.

거래소의 금융서비스가 출시된 지 1년 정도 밖에 되지 않았다는 점과 특정금융정보법 시행이라는 악재를 넘기게 된 점 등을 감안할 때 향후 거래소가 더욱 다양한 금융서비스를 출시하게 될 것으로 예상됩니다.

해외 거래소 금융서비스 운영 현황

구분	대출(Lending)	예치(Staking)	수탁(Custody)
바이낸스	○	○	○
코인베이스	×	×	○
후오비	×	○	○

한편 해외 주요 가상자산 거래소 중에서는 거래량 기준 세계

최대 규모인 바이낸스가 가장 많은 금융서비스를 제공하고 있습니다. 코인베이스의 경우, 현재 기관을 대상으로 한 자산수탁 서비스 외 개인 투자자를 상대로 한 금융서비스는 제공하지 않고 있습니다. 후오비는 개인 투자자 대상의 예치 서비스와 기관 투자자 대상의 자산수탁 서비스를 제공하고 있습니다.

코린이 노트

가상자산 거래소를 통해서 대출, 예치, 수탁 등 다양한 가상자산 금융서비스가 제공되고 있다.

대체 불가능 토큰, NFT란 무엇인가요?

NFT(Non-Fungible Token)는 '대체 불가능한 토큰'이라는 뜻으로 각 토큰마다 고유의 데이터와 소유권, 거래 이력을 담고 있어 다른 토큰으로 대체하는 것이 불가능한 가상자산을 말하는데요. 이를 통해 게임·예술품·부동산 등의 기존 자산을 복제 및 배포가 불가능한 디지털 자료로 만들 수 있게 됩니다.

기존 가상자산들은 발행처에 따라 균등한 조건을 가지고 있는 반면 NFT는 토큰 하나하나가 별도의 고유한 인식 값을 담고 있어 서로 교환할 수 없다는 특징을 갖고 있습니다. 예를 들어 비트코인 1개당 가격은 동일하지만 NFT가 적용될 경우 하나의 코인은 다른 코인과 대체 불가능한 별도의 인식 값을 가지게 되는 것입니다. NFT는 블록체인을 기반으로 하고 있어 소유권과 판매

이력 등의 관련 정보가 모두 블록체인에 저장됩니다. 그렇다보니 최초 발행자를 언제든 확인할 수 있어 복제 등이 불가능합니다.

NFT의 시초는 2017년 스타트업 대퍼랩스(Dapper Labs)가 개발한 '크립토키티(Crypto-Kitties)'가 꼽히는데요. 이것은 게임 유저가 NFT 속성의 고양이들을 교배해 자신만의 희귀한 고양이를 만드는 조금은 특이한 게임입니다. 부모 고양이의 유전 정보에 따라 자식 고양이의 특징이 생성되죠. 2017년에는 이 게임의 디지털 고양이 중 하나가 11만 5,000달러에 거래된 바 있습니다.

고가에 판매된 Crypto-Kitties의 이미지

또한 대퍼랩스는 2020년부터 미국프로농구(NBA)와 손잡고 NBA 농구 선수들이 활약한 장면을 짧은 영상으로 만들어 그에 대한 소유권을 NFT에 담아 판매하는 사업을 진행하고 있습니다.

NFT는 디지털 콘텐츠에 희소성과 유일성이란 가치를 부여할 수 있기 때문에 그 가치를 인정받을 수 있는 것입니다. 그래서 어떤 코인이 NFT를 한다는 공시가 나오면, 많은 투자자들이 흥미롭게 생각하고 관심을 더 가지게 됩니다. 다가올 미래에 NFT가 대중화된다면 NFT 사업을 함께 진행하는 코인들이 투자하기 유리하겠죠?

코린이 노트

NFT 기술을 통해 디지털 콘텐츠에 대한 소유권을 지정하고 복제를 방지할 수 있다.

Chapter

7

코린이가
살펴봐야 할
블록체인 비전
9가지

의료 분야에서 블록체인은 어떻게 사용될까요?

현재의 의료정보 시스템 체계에서는 개인의 의료정보가 각 의료기관에 뿔뿔이 흩어져 취급됩니다. 쉽게 말해서 A 병원에서 진료를 받은 환자의 정보는 A 병원만 가지고 있습니다. 그 환자가 B 병원에 가서 진료를 받으려고 하면 다시 처음부터 검진을 받아야 하는 문제점이 발생하게 됩니다. 이는 비용과 시간을 낭비하는 것입니다.

만약 A 병원의 진료기록이 자동으로 B 병원에 제공되면 어떨까요? 당연히 B 병원은 이 데이터를 바탕으로 더 효과적이고 빠르게 진료를 할 수 있게 되어 환자는 검진을 다시 받아야 하는 수고를 덜 수 있을 겁니다.

그리하여 메디블록(MED) 같은 코인이 탄생하였습니다. 메디블록은 블록체인 기술을 이용하여 의료 정보를 분산화된 데이터 저장소에 저장합니다. 데이터 원본이 아닌 데이터의 해시값을 블록체인 안에 저장하기에 데이터의 무결성을 검증하고 신뢰성을 확보할 수 있습니다.

또한 현재 의료시스템에선 의료기관이 가진 환자의 데이터가 환자의 동의를 받지 않고도 외부로 유출되곤 합니다. 이런 경우를 대비하여 메디블록은 의료정보의 열람 기록을 블록체인에 기록하여 개인의 의료정보가 어떻게 쓰였는지 추적할 수 있게 합니다.

여러 곳에 산재해 있던 의료정보를 블록체인을 이용하여 한 번에 볼 수 있게 그리고 안전하게 관리할 수 있는 시스템인 것입니다. 이는 현재 개인의 의료정보가 개별 의료기관의 자체 시스템에 의해 관리되고 있기에 발생하는 비효율성을 개선할 수 있습니다.

코린이 노트

의료 블록체인 기술을 통해 병원간에 환자의 진료 이력을 공유하게끔 할 수 있고 환자의 개인정보를 보호할 수 있다.

게임 분야에서 블록체인은 어떻게 사용될까요?

　　중앙화된 서버 구조를 가진 기존의 온라인 게임들은 서버가 닫히거나 서비스가 종료되는 경우 게임을 할 수 없게 되거나 보유한 모든 게임 아이템의 소유권이 사라지게 됩니다. 게이머가 들였던 모든 노력들이 물거품이 되어 사라지는 것이죠. 블록체인 네트워크를 기반으로 한 게임은 이러한 한계를 해결할 수 있습니다. 고단계의 블록체인 네트워크 기반 게임에서는 개발진의 서비스가 종료되더라도 자신들끼리 게임을 지속할 수도 있습니다.

　　그렇지 않더라도 게임 내에 다양한 블록체인 기술을 적용하게 되면 참여, 사용자 매칭, 게임 결과 및 상금 지급 등의 게임 과정을 블록체인에 기록해 진행의 신뢰성을 높일 수 있습니다. 게임 개발사 네오위즈플레이스튜디오가 개발한 블록체인 기반 게임

'솔리테어 듀얼온 이오스'가 대표적인 사례입니다. 이 게임에서는 가상자산 이오스(EOS)를 통해 이용자가 대전에 참가하거나 승자에게 상금이 지급됩니다.

게임 서비스는 블록체인 기술 적용이 가장 활발한 영역으로 꼽힙니다. 앞서 살펴본 고양이를 교배하는 게임도 그 중 하나죠. 블록체인 생태계가 처음 주목받았던 2016년부터 투자가 집중된 분야였습니다.

최근에는 과거 인기였던 시리즈 게임에 블록체인을 입힌 다양한 서비스가 출시되고 있습니다. 게임사 위메이드는 최근 인기 지식재산권(IP) '미르의전설2'를 활용한 무협 게임 '재신전기'를 글로벌 시장에 출시했습니다. 블록체인 전문 자회사 위메이드트리가 개발을 주도했는데, 자사의 블록체인 플랫폼 위믹스와 연동시켜 게임 내에서 가상자산을 통해 거래를 할 수 있도록 했습니다. 그리고 2021년 9월 위믹스 코인이 몇 배나 상승하며 많은 투자자들이 환희하고 있는 상황이죠.

요괴가 등장하는 동양풍 배경의 인기 게임 '귀혼' 역시 블록체인을 통해 재탄생 하였습니다. 개발사인 엠게임은 귀혼 외에도 프린세스메이커 등 유명 IP에 블록체인을 접목해 이용자가 게임 결과에 따라 가상자산을 발행할 수 있는 서비스를 구상했습니다. 토종 블록체인 게임으로 꼽히는 플레이댑의 '크립토도저 포 라인 블록체인'은 최근 일본 구글플레이에 정식 출시되었습니다.

또한 필리핀에서도 블록체인 기반의 게임이 대유행하고 있다고 합니다. 다큐멘터리까지 나올 정도로 유명하다는 게임 NFT인 '엑시 인피니티(AXS)'는 약 10주 만에 30배 가까이 상승하기도 했습니다. 그 밖에도 많은 게임 관련 NFT들이 주목을 받으며 상승을 이어가고 있습니다.

게임 아이템 거래에도 블록체인 기술이 도입되고 있습니다. 기존 게임 아이템 거래는 게임 약관 위반, 공간적 제약, 부당거래, 절차의 불편, 사기의 위협 등 많은 제약이 존재합니다. 게임 시스템 외적인 거래를 하려면 아이템 거래중개 사이트를 통해 거래를 해야만 하죠. 이는 직접 해당 거래자를 만나서 거래를 해야 하는 불편이나 자칫하면 사기를 당할 위험성이 있습니다.

블록체인을 이용하면 게임 아이템 거래도 안전하게 진행할 수 있습니다. 전용 지갑을 통해 언제 어디서든지 거래, 판매가 가능하며 현금화할 수 있죠.

또한 기존에는 게임의 인기가 없어질 경우 고가에 구입했던 아이템이 아예 무일푼이 되는 위험이 있었습니다. 블록체인을 기반으로 개발된 게임에서는 개발자가 게임 내 아이템에 최소한의 가치를 보장해주는 토큰을 배정해놓을 수 있죠. 아이템을 살 사람이 없어지더라도 유저는 '아이템 녹이기'라는 기능을 통해 최초 개발자가 해당 아이템에 설정한 만큼의 토큰을 돌려받을 수 있습니다.

앞으로 다가올 시대에서는 더욱 많은 게임들이 블록체인 기술을 활용하여, 게임 내 많은 아이템들과 보상이 가상자산으로 이루어지게 발전·개발될 것입니다.

코린이 노트

게임 블록체인 기술을 통해 게임의 운영정책 변화에 따른 리스크를 게이머에게 보상하는 시스템을 구축할 수 있다.

물류 분야에서 블록체인은 어떻게 사용될까요?

물류 시스템에도 블록체인이 도입되면 큰 혁신을 이룰 것으로 기대됩니다. 블록체인 기술의 대표적인 특성으로는 경제성, 신속성, 투명성, 확장성, 탈중개성(탈중앙화), 신뢰성(보안성) 등을 꼽을 수 있습니다. 이러한 블록체인 기술의 특성을 물류 산업에 적용하면 기존의 물류 시스템에 존재하던 정보와 주도권 차이에 따른 비효율성을 극복할 수 있게 되죠.

물류 산업에 블록체인 기술이 도입되면 각종 물류 단계마다 상품과 배송 정보를 정확하고 원활하게 공유할 수 있게 되어 큰 혁신을 가져올 것으로 기대됩니다.

물류 산업에는 생산자, 운송자, 물류사 등 업종별로 수많은 업체들이 존재합니다. 각 업체들은 자신의 수급 상황에 맞게 조력할 타 업종의 파트너를 계속해서 구하고 더 조건이 괜찮은 업체로 파트너들을 교체하려 합니다.

블록체인 기반의 물류 네트워크를 통해 사업자들은 분산화된 서비스를 연계시켜 빠르게 새로운 협력 업체를 찾을 수 있게 됩니다. 블록체인 기술의 적용으로 가치교환의 대상이 확장되고 정보의 연계가 더욱 용이해지면서 서로 다른 품종의 물류 시스템 혹은 전혀 다른 비즈니스와 연계할 가능성도 높아지죠. 이로부터 새로운 가치를 창출할 수도 있을 것입니다.

코린이 노트

물류 블록체인 기술을 통해 각 사업자들은 더 효율적인 배송 시스템을 구축할 수 있다.

부동산 분야에서 블록체인은 어떻게 사용될까요?

　부동산 거래를 한 번이라도 해본 분들은 아시겠지만, 아파트와 땅을 사고파는 데 필요한 서류가 무지하게 많고 그 절차가 매우 까다롭다는 걸 아실 겁니다. 부동산을 거래할 때 매도인과 매수인은 부동산의 소유권과 그 이전이 적힌 종이를 교환합니다. 그리고 그 중간 과정을 보증하기 위해 공인중개사를 둡니다. 이런 불편하고 복잡한 과정에서 발생하는 여러 사기 행위를 방지하고자 부동산에도 블록체인과 토큰 이코노미를 도입하려는 움직임이 일어나고 있습니다.

　제주특별자치도는 국토교통부와 함께 부동산 거래 과정에서 서류의 위·변조가 일어날 수 없도록 블록체인 기술을 기반으로 한 '부동산종합공부시스템'을 도입하였습니다. 여기서 '공부'란 지적, 건출물, 등기정보를 담은 국가의 공적장부를 말하는데요. 이 시스템은 블록체인 기술을 활용해 종이 증명서가 아닌 데이터 형식의 부동산 정보를 실시간으로 주고받을 수 있게 합니다.

예를 들어 부동산을 담보로 제공하고 대출을 받고자 할 때 대출자는 부동산 관련 증명서를 제출하지 않아도 은행 담당자가 블록체인 기술이 적용된 암호화 정보를 확인해 대출을 실행할 수 있게 됩니다. 그러면 당연히 그전의 복잡한 절차를 위해 들어갔던 비용과 시간, 비효율은 해결되겠지요?

국토교통부는 향후 정부, 지자체, 금융권, 법무사, 공인중개사 등을 모두 블록체인으로 연결해 부동산 거래를 원스톱으로 처리하는 부동산 스마트거래 플랫폼을 구축한다고 합니다.

코린이 노트

부동산 블록체인 기술을 통해 공증 작업에 들어가던 많은 시간적, 물질적 비용을 절약할 수 있다.

보험(Insurance)과 기술(Technology)의 합성어인 '인슈어테크 (Insur-tech)'가 떠오르고 있습니다. 데이터 분석, 인공지능 등의 IT 기술을 활용해 기존의 보험서비스에 혁신을 가져오는 것을 말 하는데, 여기에 블록체인 기술이 도입되고 있습니다. 현재의 보험 시스템은 고객이 보험상품을 가입할 때는 굉장히 간단하게 절차 가 이뤄지도록 만들어놓았지만, 막상 보험금을 지급받으려면 과 정이 매우 번거롭습니다. 그래서 많은 사람들이 보험사에 대해 불 만을 표하기도 하는데요.

블록체인이 보험산업에 도입되면 청구와 지급 과정에 일체의 번거로움이 없어지게 됩니다. 각각의 정보가 스마트 계약 상의 알 고리즘대로 보험사에 자동 전달돼 고객은 간편하게 보험금을 지급받을 수 있게 되는 거죠. 앞서 설명드렸듯이 스마트 계약은 보증해주는 주체가 없어도 믿을 수 있는 시스템입니다.

프랑스 보험사인 AXA는 이더리움의 블록체인 네트워크를 활용하여 비행기 연착 보험을 판매하고 있습니다. 비행기가 두 시간 이상 연착하면 해당 정보가 네트워크를 통해 자동으로 보험사에 전달되고 보험금이 실시간으로 지급되는 방식입니다.

미국 대형보험사 스테이트팜은 채권자의 대위변제(대리 변제 및 채권 이전) 프로세스를 간소화하는 블록체인 솔루션을 도입하기 위해 내부 테스트를 진행하고 있습니다. 스마트 계약을 통해 보험금 지불에 필요한 정보를 안전하고 자동화된 방법으로 수집할 수 있으며 대위변제를 완료하는 데 필요한 시간을 효율적으로 관리할 수 있게 됩니다.

세계적인 보험중개업체인 마쉬는 컴퓨터 개발 업체 IBM과 함께 블록체인 기반 보험처리 플랫폼을 개발 중이라고 밝혔습니다. 이 플랫폼은 특정 사건 및 계약에 대한 확인 절차를 실시간으로 처리할 수 있어 비용과 시간을 절약할 수 있게 합니다.

국내에도 많은 기업들이 선두주자로 나서 블록체인 기반의 보험서비스를 개발하고 있습니다. 국내 생명보험협회와 19개 생명보험사는 블록체인 컨소시엄을 구성하고 본인인증, 보험금 청구 등에 블록체인 플랫폼을 구축, 적용하는 계획을 수립하고 진행하고 있습니다.

　　국내 인슈어테크 기업인 직토는 인슈어리움이라는 보험산업 전용 블록체인 네트워크를 개발해 AXA다이렉트, 현대해상, 교보라이프플래닛 등 보험사에 상품을 출시하였습니다.

코린이 노트

보험산업에 블록체인 기술을 적용하면, 가입자가 보험금을 청구하고 지급받는 과정을 번거롭지 않게 할 수 있다.

중고거래 분야에서 블록체인은 어떻게 사용될까요?

블록체인의 특징 중 하나가 중앙 서버를 통제하는 중개자 없이 개인간 거래를 보장한다는 점입니다. 그리고 데이터가 만들어지고 수정되고 거래되는 전 과정을 네트워크에 안전하게 분산 저장하죠. 이런 특징 때문에 블록체인 기술이 중고거래 시장에도 도입되고 있습니다.

예를 들어 중고차 시장에 블록체인 기술이 도입되면 어떻게 될까요? 중고차 거래에 블록체인을 적용하면 해당 자동차가 언제 출고 됐는지 언제 어디서 어떤 사고가 나서 무엇을 수리했는지 등의 이력이 모두 블록체인에 저장되기에 차를 사고 싶은 사람은 누구나 들여다볼 수 있게 됩니다.

이 데이터는 어느 누구도 수정할 수 없기 때문에 투명성이 높죠. 그렇다면 이젠 중고차를 구매할 때 차량 정보의 신뢰성을 전적으로 딜러에게 의존하지 않아도 될 것입니다.

서울시는 블록체인을 기반으로 한 중고차 이력관리 시스템을 구축한 바 있습니다. 2019년 장안평 중고차 시장에서 시범사업을 시작하고 2020년에는 이를 대형 중고차 매매단지로 확대하였습니다. 매입정보 등록, 성능정보 등록, 차량정보 조회, 성능정보 조회, 매도정보 조회 등 매매 단계마다 발생하는 데이터를 블록체인화시켜 서울시 서버 네 대에 동시에 저장합니다. 이 때문에 조작은 불가능하죠.

코린이 노트

중고거래 시장에서 매물 정보의 신빙성 문제를 블록체인 기술을 통해 해결할 수 있다.

포인트·마일리지 마게팅 분야에서 블록체인은 어떻게 사용될까요?

　　기존 기업들의 마케팅을 살펴볼 때 가장 아쉬운 점은 존재하는지도 모른 채 소멸되는 '포인트·마일리지'가 굉장히 많다는 점일 겁니다. 포인트와 마일리지는 기업들이 단골 고객을 확보하기 위해, 서비스와 상품을 이용하는 실적에 따라 고객에게 추가적인 구매 크레딧을 제공하는 마케팅 전략입니다. 하지만 고객은 이러한 기업의 서비스를 일일이 기억할 수 없죠.

　　수많은 기업이 비슷한 포인트 프로그램을 운영하고, 또 포인트를 모아 실제 상품을 구매하기까지 걸리는 적립 기간이 너무 길기 때문입니다. 그러다 소멸 시한이 오면 포인트는 사라지기도 합니다. 항공사 마일리지가 대표적입니다. 항공사가 고객에게 제공하는 마일리지는 과연 서비스 차원인지, 아니면 실제 고객의 자산인지를 두고도 10년 째 해묵은 논쟁은 이어지고 있죠.

이렇게 기존 세일즈 사업에 있었던 포인트·마일리지 서비스의 한계를 극복하기 위한 방법으로는 '서로 다른 포인트의 통합'이 꼽힙니다. 그러나 각 기업의 포인트는 서로 다른 디지털 인프라 위에 구축되어 있기에 통합에는 막대한 비용이 들 것입니다. 개인정보 관리 문제도 불거지게 되고요. 분산되어 있던 데이터를 한 곳에 모으는 일은 해킹에 취약한 환경을 만드는 일이기도 합니다.

그렇다면 포인트·마일리지 프로그램의 통합은 불가능한 미션일까요? 활기를 잃은 포인트·마일리지 제도를 되살리기 위한 '치료법'으로 블록체인 기술이 주목받고 있는 상황입니다. 블록체인 기술을 활용한 포인트·마일리지 통합 플랫폼을 만든다면 기업들은 저렴한 비용으로 신뢰할 수 있는 시스템을 구축할 수 있습니다. 또한 스마트 계약 기능을 이용해 제휴사 마일리지를 거래할 수 있는 환경을 만들 수 있죠. 별도의 중개인이 필요하지 않을 것입니다.

또 블록체인의 투명성은 제휴 파트너사에게 신뢰를 제공합니다. 다른 이해관계를 지닌 기업들이 포인트·마일리지를 하나로 통합하기 위해선 모두가 인정하는 투명한 거래내역이 필요합니다. 서비스 운영 주체가 임의로 조작할 수 없고, 데이터의 신빙성을 보장하는 블록체인의 특성이 이에 적합하다는 게 전문가들의 시각입니다.

제휴사 마일리지들을 통합한 '디지털 월렛'을 만든다면 고객들은 자유롭게 마일리지를 사용할 수 있겠죠. 고객이 디지털 월렛에 보관된 포인트·마일리지를 사용하고자 한다면 주민등록번호가 아닌 사설키를 사용하게 되므로, 기업이 고객 개인정보를 지속적으로 보관해야 할 의무도 사라지게 됩니다.

그렇다면 소비자 입장에서는 어떤 이점이 있을까요? 무엇보다 소비자에겐 편의성을 줄 수 있게 됩니다. 상호 호환되는 포인트·마일리지를 하나의 디지털 월렛에서 관리하면 실사용을 위한 적립 기간을 단축할 수 있게 될 것입니다.

불합리했던 소멸 기간과 같은 개념도 사라집니다. 그동안 포인트·마일리지는 기업이 소유한 중앙서버에 귀속되어 있었습니다. 하지만 포인트·마일리지를 블록체인에 올리게 된다면 데이터의 주권을 사용자에게 돌려줄 수 있습니다. 즉 고객이 원하는 경우 언제든 사용할 수 있는 영구적인 개인자산이 되는 셈입니다.

코린이 노트

블록체인 기술을 통해 기업들의 포인트·마일리지 시스템을 통합하면 효용성 있는 체계를 갖출 수 있다.

미술품 거래 분야에서 블록체인은 어떻게 사용될까요?

현재 미술품 시장은 참여 기회에 있어 극단적인 빈인빅 부익부 현상을 보입니다. 고가의 미술품이 많아졌으며 소액 투자자들은 쉽게 유명 작가의 작품을 구매할 수 없습니다. 또한 유명 작가의 작품을 구매했더라도 진품 논란에 휩싸이기도 합니다.

이런 문제를 해결하고자 블록체인 기술과 가상자산이 도입되고 있습니다. 블록체인 기술은 진품의 복제 가능성을 차단합니다. 소유권을 추적하는 게 가능하고 복제품이 발생했을 때 구매 내역을 추적해 복제자를 파악할 수 있습니다.

1776년 설립된 세계적 미술품 경매회사인 크리스티는, 최근 디지털 미술품 등록업체 아토리와 함께 경매 기록을 암호화해 저장하는 작업을 시범적으로 운영한다고 밝혔습니다. 작품명, 설명, 최종 낙찰가격, 거래일자 등 모든 거래정보를 블록체인 네트워크에 기록합니다. 기록된 정보는 디지털 인증서 형태로 발급되며 구매자는 등록카드를 발급하고 이를 통해 암호화된 거래정보를 열람할 수 있습니다.

2021년 3월 예술품 경매 서비스 기업 서울옥션블루는 신한은행과 손잡고 미술품 등 고가의 실물 자산의 소유권을 블록체인 기술을 활용해 디지털 자산으로 분할해 판매하는 '소투' 서비스를 내놓았습니다. 소투 서비스는 실물 자산 지분을 개당 1,000원으로 쪼개서 고객에게 주 2회 공동구매 형태로 판매하는 형식으로 운영되고 있습니다. 업계 관계자에 따르면 소투의 평균 수익률은 건당 15.6% 정도라고 알려져 있습니다.

서울옥션블루 SOTWO 서비스, 1,000원으로도 미술 작품의 지분을 살 수 있다

앞으로 이보다 더욱 많은 분야에서 블록체인으로 신사업들이 생겨날 것이라 예상됩니다. 블록체인 기술을 통해 더욱 신뢰도 높고 효율적인 사회로 바뀌어 나가겠죠. 다가올 미래의 모습을 이해한다면 좋은 투자처를 찾는데 큰 도움이 되리라 생각합니다.

코린이 노트

블록체인 기술을 통해 미술품의 위조 여부에 대한 신뢰도를 향상시켰고 소유권을 분할하는 소투 서비스도 나오게 되었다.

마이데이터란
무엇인가요?

마이데이터(My Data)란 개인이 자신의 정보를 적극적으로 관리·통제하는 시스템을 말합니다. 시스템은 물론 이러한 정보를 신용이나 자산관리 등에 능동적으로 활용할 수 있게 하는 일련의 서비스까지 지칭하죠. 마이데이터는 미국·영국 등 데이터 산업 선진국에서는 이미 시행되고 있는 서비스로, 데이터 활용체계를 기관 중심에서 정보주체 중심으로 전환하는 것입니다. 즉 개인에게 정보 주권을 돌려주는 거죠.

마이데이터 활동이 원활하게 이뤄지기 위해서는 구체적으로 금융기관·통신사 등에 수집돼 있는 개인의 정보들을 다른 기업, 기관 등으로 이동시킬 수단을 마련해야 합니다. 이런 산업적 지원 역할을 하는 것을 '본인신용정보 관리업'이라 합니다.

개인은 마이데이터 서비스를 통해 각종 기업이나 기관 등에 흩어져 있는 자신의 정보를 한꺼번에 확인할 수 있고, 특정 기관에 개인정보를 제공하여 맞춤 상품이나 서비스를 추천받을 수 있습니다.

마이데이터의 정보에는 은행 입출금 및 대출 내역, 신용카드 사용 내역, 통신료 납부 내역 등 사실상 개인의 모든 금융정보가 담깁니다. 따라서 이러한 정보들을 개인의 재무현황 분석 등에 즉각적이고 안전하게 활용할 수 있습니다.

마이데이터 개념도

출처 : 4차산업혁명위원회

최근에는 비헬씨(B-Healthy)라는 플랫폼이 블록체인 기술로 병원의 진료기록을 가명 처리해 취급하는 서비스를 제공하기 시작했습니다. 이용자 동의를 얻은 진료기록 데이터는 개인을 식별할 수 없게 변조되어 제약사, 연구소, 바이오 기업 등으로 보내집니다. 이를 제공한 이용자는 보상 개념으로 포인트를 받아 다양한 현물상품을 구매할 수 있습니다.

이밖에도 기본적으로 비헬씨 서비스의 이용자는 자신의 의료
데이터를 체계적으로 관리할 수 있게 됩니다. 중복 진단 등의 비
효율성을 개선하고 처방전 연동 등 향상된 행정처리를 누릴 수
있죠. 이처럼 앞으로도 마이데이터 관련 프로젝트들이 많이 생겨
날 것으로 보입니다.

코린이 노트

마이데이터 분야에서는 블록체인 기술을 활용해 개인에
게 개인정보에 대한 활용권과 보유권을 돌려주는 혁신이
일어나고 있다.

8

코린이가
투자 정보를 얻는 루트
6가지

가상자산의 가격 정보는 어디에서 보나요?

웹사이트 코인마켓캡을 통해 여러 코인들의 시가총액, 가격, 호재 정보 등을 살펴볼 수 있습니다. 각 코인과 해당 코인의 메인넷에 생태계를 구성하고 있는 토큰들이 잘 정리되어있죠. 다양한 분류로 시장의 흐름을 한눈에 볼 수 있는 사이트이기 때문에 많은 사람들이 참고하고 있습니다.

실제 코인마켓캡의 사명은 '한 쪽으로 치우치지 않은 고품질의 정확한 정보를 소비자들에게 제공한다'입니다. 투자자들이 정확한 결론을 도출하게 함으로써, 가상자산 투자시장이 전 세계적으로 발전할 수 있도록 기여하고자 하는 것입니다.

코인마켓캡은 2013년 5월 브랜든 체즈가 설립했습니다. 수천 개의 가상자산을 비교하기 위해 사용자, 기관, 언론이 가장 신뢰할 수 있는 소스를 제공하고자 노력하였고 이를 기반으로 빠르게 성장했습니다. CNBC, 블룸버그 등 주요 언론들은 공통적으로 코인마켓캡의 지수를 인용해 보도합니다. 미국 정부도 코인마켓캡의 자료를 연구 및 보고용으로 사용하고 있다고 합니다. 그러니 그만큼 신뢰할 수 있는 정보가 많다고 볼 수 있겠습니다.

코인마켓캡은 가상자산 산업에서 정보의 비대칭성을 감소시킬 수 있는 고품질의 데이터를 코인 투자자들에게 제공하고 있습니다. 웹사이트, 모바일앱, 뉴스레터, 블로그, 소셜미디어(트위터, 페이스북, 텔레그램, 인스타그램) 등의 채널과 연례 컨퍼런스를 통해 코인마켓캡의 정보를 제공받는 인원은 연간 수억 명에 이릅니다.

2020년 4월 코인마켓캡은 바이낸스에 의해 인수되었습니다. 바이낸스는 거래량과 사용자 인원 기준으로 봤을 때 세계 최대의 가상자산 거래소 기업입니다. 코인마켓캡은 모회사의 광범위한 자원을 활용하여 다양한 분석 프로젝트를 수행할 수 있게 되었고 이를 바탕으로 코인 투자시장에서의 심층적인 데이터를 확보할 수 있게 되었습니다.

코인마켓캡은 정확하고 시의적절하며 편향되지 않은 정보를 제공하고자 노력 중에 있습니다. 코인마켓캡은 가상자산의 순위를 어떻게 지정하느냐를 두고 독립적이고 엄격한 가이드라인과 계산 방법, 유동성 평가 기준을 적용하죠. 이런 목적으로 코인마켓 캡은 바이낸스에 인수된 후에도 모회사와 독립적인 사업체로 존재하고 있는 겁니다.

일각에서는 바이낸스가 인수했기 때문에, 바이낸스 거래소의 입김이 있지 않겠느냐 하는 의견이 있습니다. 확실히 공식적인 입장으로는 독립적으로 운영되고 있다고 밝혔습니다만 내부 사정에 대해 우리가 정확히 알 수는 없을 것입니다. 그럼에도 불구하고 코인마켓캡이 굉장히 유용한 정보를 제공하는 것은 분명합니다.

코린이 노트

코인마켓캡을 통해서 다양한 가상자산의 정보를 습득할 수 있다.

여러 차트를 비교해보려면 어떻게 해야 하나요?

차트는 일반적으로 모든 거래소에서 제공하지만, 다양한 자산을 한 눈에 살펴볼 수 있는 사이트는 많지 않습니다. 저자는 트레이딩뷰(www.tradingview.com)를 추천하고 싶습니다. 가상자산 시장은 현물 경제와도 밀접하게 관련 있습니다. 미국증시와 달러 인덱스, 한국증시, 도미넌스 차트 등 각종 자산의 차트를 한눈에 볼 수 있습니다. 특히 차트 현황에 대한 많은 아이디어와 분석 글들이 올라오는데 참고가 됩니다. 여담으로 가끔은 본인의 견해를 개진해보는 것도 투자 실력을 늘리는 데 큰 도움이 되니 시도해보시기 바랍니다.

트레이딩뷰에서는 한 화면에 비트코인과 이더리움, 도미넌스 차트 등을 비교해서 볼 수 있습니다. 이 기능을 잘 활용하면 비교 분

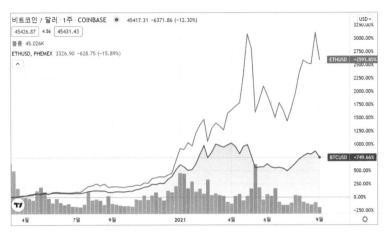

비트코인(BTCUSD)과 이더리움(ETHUSD)의 최근 가격흐름 비교 / 출처 : 트레이딩뷰

석을 통해 가격 흐름과 상관관계 등을 도출해낼 수 있습니다.

지표 추가를 통해 RSI와 이동평균선을 추가하고, 구간별 패턴과 그림을 표시하는 등 차트를 보며 배운 것을 적용한다면 유의미한 분석이 가능합니다. 이외에도 유용한 기능이 다양하게 있으며 직접 사용해야 알 수 있는 부분이 많으니 활용해 보시기 바랍니다.

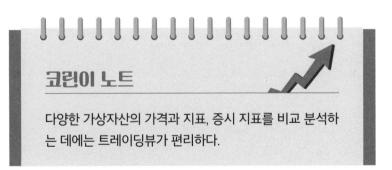

코린이 노트

다양한 가상자산의 가격과 지표, 증시 지표를 비교 분석하는 데에는 트레이딩뷰가 편리하다.

가상자산의 공시 정보는 어디서 얻나요?

가상자산 투자를 진행하다보면 매우 위험한 투자처에도 묻지 마 투기를 하는 사람들을 많이 보게 됩니다. 정보의 불균형이 심해 초보 투자자들이 정보를 얻기가 쉽지 않기 때문이기도 한데요. 가상자산 분야가 이제 막 생겨나고 있는 시장이기에 어쩔 수 없지만, 그래서 더욱 신뢰할 수 있는 정보를 얻을 루트가 필요합니다.

'쟁글'은 매우 유용한 정보를 제공하는 사이트라고 할 수 있습니다. 실시간으로 모든 코인의 공시 정보를 확인할 수 있는 가상자산 정보 포털입니다. 가상자산 투자에 있어 공시를 체크하

> **공시**
>
> 정보 주체가 그 정보를 대중 일반에 공유하는 것을 말한다. 주로 주식시장에서 기업들이 법률에 따라 정기적으로 실적을 공시하고 투자자들의 판단을 받는 것을 말한다.

는 것은 정말 중요한데요. 어떤 가상자산이든 공시가 꼭 호재로 작용하는 것은 아니지만, 대체적으로 시세에 좋은 영향을 주는 것은 분명합니다.

공시의 기본적인 목적은 정보의 비대칭을 해결하는 데에 있습니다. 가상자산 투자시장에서 공시를 할 때는 기존 금융시장의 공시시스템(Edgar, Dart, Edinet 등) 및 신용평가기관의 평가기준을 바탕으로 합니다. 가상자산 공시 양식은 스타트업 및 암호산업계의 KPI(핵심성과지표) 기준을 기반으로 구성되어 있습니다. 이런 양식에 따라 발행 주체가 마련한 공시는 쟁글을 통해 모든 투자자들에게 제공되고 있습니다.

가상자산의 공시 종류로는 여러 가지가 있습니다. 첫째, 프로젝트가 어떤 비즈니스를 구축해나가고 있는지 보여줍니다. 둘째, 프로젝트의 로드맵을 보여줍니다. 프로젝트가 연초 혹은 연중에 로드맵 발표를 하는 경우 이를 공시할 수 있습니다. 로드맵 공시에는 프로젝트가 목표로 하는 주요 마일스톤이 포함되며 로드맵 이행 여부는 마일스톤 공시, 주요 활용사례 자료 등을 통해 파악할 수 있습니다. 셋째, 마일스톤 달성 여부를 공개합니다. 실제로 프로젝트를 진행하며 유의미한 성과를 창출했을 경우 공시하는 항목입니다. 주로 마일스톤에 해당하는 항목들은 다음과 같습니다.

사업적 성과 : 목표 유저 수 달성, 목표 MAU(월간 사용자) 수 달성 등
기술적 성과 : 메인넷, 테스트넷 런칭, 주요 서비스 출시 등
재무적 성과 : 목표 매출 발생 등

투자자는 마일스톤 달성 공시를 통해 프로젝트가 로드맵을 통해 밝힌 목표의 달성 여부를 확인하며 투자가 가능합니다.

이외에 전략적 파트너십 체결 혹은 MOU를 체결한 경우에도 공시가 진행됩니다. 그러나 쟁글에서는 파트너십 계약이 확정되어 개발진이 해당 증서를 제출한 경우에 한하여 공시가 작성되고, 체결 예정 혹은 논의 중인 경우는 작성되지 않습니다. 가상자산 시장에는 워낙 잘못된 정보가 많고 신뢰할 수 없는 정보가 많기 때문에 '예정' 혹은 '논의' 등으로 투자자들을 현혹시키는 경우가 많은데 실제로 일어나지 않은 공시는 쟁글에서 검열합니다. 그래서 쟁글의 공시는 신뢰도가 높습니다.

파트너 기업이 해당 공시 프로젝트의 블록체인을 이용하여 새로운 서비스를 제공한다거나, 서비스에서 신규 토큰을 지원한다는 등의 내용이 공시로 나오면 강한 호재로 작용할 수 있기에 투자에 있어 공시의 내용을 챙기면 매우 유리합니다.

그 외 신규 거래소 상장에 대한 예고, 혹은 투자 유의종목으로 지정된 부분에 대한 해명, 토큰 소각과 토큰 발행 등 프로젝트와 관련된 중요한 정보들이 지속적으로 업데이트됩니다. 쟁글은 앱으로 다운받아 관심 코인을 팔로우 해놓고, 공시들을 지켜보는 것이 좋습니다.

쟁글의 파트너 거래소

거래소 파트너				
korbit	GOPAX	bithumb	Hanbitco	coinone
GDAC	FOBLGATE	bitbank	BITPOINT	BitForex

코린이 노트

쟁글을 통해서 가상자산 프로젝트의 비즈니스 로드맵, 달성 여부, 파트너십 등 공시 정보를 얻을 수 있다.

괜찮은 NFT 코인을
찾고 싶을 땐
어떻게 하나요?

가상자산 시장에서 NFT(Non-fungible Token)는 현재 디파이
만큼 핫한 분야 중 하나입니다. 다양한 NFT 관련 프로젝트들이
진행되고 있는데요. 대표적으로 칠리즈, MANA, 엔진코인 등이
있습니다.

게임 디센트럴랜드에서는 NFT 작품이나 땅을 MANA 코인으로 결재할 수 있다

블록체인 기술을 사용해 디지털 콘텐츠의 소유권을 증명할 수 있다는 가능성은 새로운 시장의 출현을 가능하게 했습니다. 그러나 NFT 분야는 가상자산 시장과 마찬가지로 현재 초기 단계이기 때문에 가격 변동이 심하고, 때로는 매우 투기적인 모습을 보입니다. 이것은 시장의 발전이나 가격 추세를 모니터링 할 도구가 거의 없다는 어려움이 있기 때문이기도 한데요. 그래서 나온 것이 바로 논펀지블닷컴입니다.

N nFungıble				Home Market History
Top projects				VIEW MORE MARKETS >
Name	Volume 7d (USD)	Last 7d sales	Volume all time (USD)	All time sales
Art Blocks	US$59,986,069	6,131	US$762,445,059	194,460
CryptoPunks	US$53,847,036	121	US$1,155,236,341	18,334
Bored Ape Yacht Club	US$45,621,438	495	US$484,804,535	42,726
Blitmap	US$9,232,901	123	US$20,380,684	2,454
VeeFriends	US$9,194,222	154	US$108,207,255	11,324
SuperRare	US$7,339,599	276	US$118,348,110	24,788
CryptoKitties	US$6,180,020	1,995	US$52,270,117	2,897,845
Cyberkongz	US$4,794,235	270	US$26,364,123	2,275

각종 평가 지표에 따른 NFT 프로젝트들의 순위가 랭크된다 / 출처 : 논펀지블닷컴

논펀지블닷컴(nonfungible.com)에서는 NFT 시장에 대한 평가와 개별 프로젝트에 대한 최신 뉴스, 리뷰를 볼 수 있습니다. 이들은 NFT 시장에 투명성 제공하고자 NFT 가상자산의 가치

를 추정하기 위한 다양한 자산 평가 모델 구축에 힘쓰고 있습니다. 또한 맞춤형 시장 보고서를 발행해 프로젝트 진행자가 경쟁사를 조사하고 고객 또는 마케팅 기회를 이해하도록 지원하고 있습니다.

2018년 2월부터 서비스된 이 사이트는 현재 NFT 생태계의 기둥이 되어 있습니다. 서로 다른 생태계의 커뮤니티를 연결하고, NFT 제품 프로젝트 진행자와 구매자들을 소개시켜주는 역할을 충실히 수행하고 있습니다.

코린이 노트

논펀지블닷컴을 통해서 유망한 NFT 가상자산을 발굴할 수 있다.

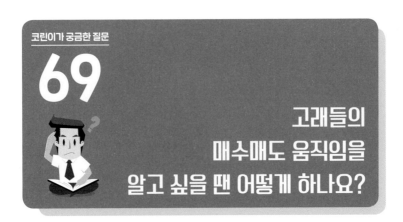

고래들의
매수매도 움직임을
알고 싶을 땐 어떻게 하나요?

크립토퀀트(Crypto Quant)는 가상자산의 온체인 데이터를 분석할 수 있는 사이트입니다. '온체인 데이터(On Chain Data)'란 블록체인 네트워크 상의 모든 움직임을 기록하는 지표인데요. 블록체인 내 어떤 지갑에서 어떤 지갑으로 가상자산이 얼마만큼 이동했는지, 해당 지갑에는 얼마가 남았는지 등을 알려줍니다.

거래소에 대량의 비트코인이 갑작스럽게 유입된다거나 반대로 거래소에서 대량의 비트코인이 유출되는 것은 자산 가격에 큰 영향을 미칠 수 있습니다. 거래소로 대량의 비트코인이 들어오고 있는 게 포착되는 경우를 가정해보겠습니다. 이것은 시장에 비트코인을 매도하기 위함일 수도 있고 BTC 마켓에서 알트코인을 매수하기 위함일 수도 있습니다. 반대로 대량의 비트코인이 거래소에서 빠져나간 경우는 거래소가 비트코인을 장기 보유하려 한다는 의미로 해석할 수 있습니다.

특히 비트코인 큰손들의 거대한 자금 이동을 관찰할 수 있다는 점에 주목해야 합니다. 이를 통해 흔히 말하는 비트코인 다수 보유자(고래)들의 가격 덤핑에 놀아나지 않을 수 있기 때문입니다. 온체인 데이터 서비스는 많은 가상자산 투자자들이 투명한 데이터를 기반으로 투자할 수 있게 만드는 역할을 합니다.

투자 세력 별 비트코인 보유 규모

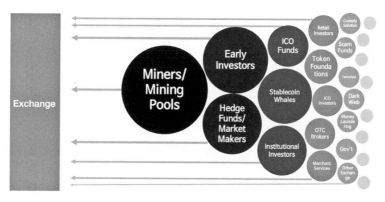

크립토퀀트 주기영 대표는 채굴자들이 가장 큰 고래라고 말했다

고래는 대량 매도를 위해 거래소로 비트코인을 보내고, 추후 저가 매수를 시도하곤 합니다. 그러다보니 모든 거래소의 유입량 평균을 살펴보면 시세 예측이 가능하죠. 2021년 5월 대규모 하락이 나올 때도 몇 조 원이나 되는 천문학적 규모의 코인이 거래소

로 입금되는 것이 포착되기도 하였습니다.

그런데 고래들의 입금은 가격 하락을 불러와야 함에도 지금까지 고래들이 거래소에 입금했던 시기를 거시적으로 살펴보면 다른 결과가 나타납니다. 고래들이 거래소에 많이 입금할 때마다 시장은 저점인 경우가 많았기 때문인데요. 크립토퀀트 측에서는 비트코인이 30% 이상 하락했을 때 고래들의 거래소 입금 지표가 스파이크를 찍으면 매수 신호가 된다고 하였습니다.

크립토퀀트에 회원가입을 하면 주기적으로 사이트를 어떻게 이용하는지에 대한 메일이 날아옵니다. 메일을 통해 이용방법을 배운 뒤 적극적으로 크립토퀀트를 활용해볼 수도 있겠지만, 만약 그것이 어렵다면 크립토퀀트 주기영 대표의 트위터를 팔로우한 후 크립토퀀트의 해석을 참고하시는 것도 좋은 방법입니다. 크립토퀀트 역시 완벽한 지표가 아닌, 여러 지표 중 하나이기 때문에 참고만 해보시길 바랍니다.

코린이 노트

거래소와 채굴자를 비록한 고래들의 자금 흐름을 알고 싶을 땐 크립토퀀트를 이용하면 좋다.

그 외
참고할 수 있는 사이트에는
무엇이 있나요?

1. 그레이스케일 자산운용사

그레이스케일(Grayscale)은 2013년에 설립된 미국의 가상자산 신탁펀드 투자회사입니다. 정식 회사명은 그레이스케일 인베스트먼트이며, 디지털커런시그룹(DCG)의 자회사죠. 창업자는 DCG의 창업자이자 대표이사인 배리 실버트입니다.

그레이스케일은 비트코인, 비트코인 캐시, 이더리움, 이더리움 클래식, 젠캐시, 스텔라루멘, 라이트코인, 리플, 지캐시 등의 코인을 바탕으로 15개의 신탁 펀드를 운용하고 있습니다. 이들은 세계 최대 규모의 가상자산 자산운용사로, 최근 운용 자산 규모가 급증해 2021년 9월에는 426억 달러를 넘어섰습니다.

그레이스케일 자산운용사의 신탁 펀드들을 참고하여 투자하는 사람들도 많습니다. 가상자산 시장에 많은 영향을 주고 있는 DCG의 자회사라는 점에서 어느 정도 공신력이 있기 때문입니다. 많은 시장 참여자들이 애용하는 정보이니 투자에 참조하시기 바랍니다.

---

www.bybt.com/Grayscale#Flows
그레이스케일의 포트폴리오를 참고할 수 있는 사이트입니다. 최근 24시간 동안, 7일 동안, 30일 동안 어느 정도의 포트폴리오 변화가 있었는지 볼 수 있습니다.

---

2. 디파이라마

디파이 플랫폼의 가장 중요한 지표라 볼 수 있는 TVL을 확인할 수 있는 사이트입니다. TVL은 해당 디파이 플랫폼을 이용하는 사람들이 늘어나고, 많은 자산들이 편입될

> **TVL**(Total Value Locked)
> 디파이(DeFi)에 예치되어 있는 가상자산 규모의 총합계 금액을 말한다.

수록 커지게 됩니다. 따라서 TVL이 지속적으로 증가한다는 것은 디파이 생태계가 더욱 건전해진다는 것을 의미합니다.

기본적으로 디파이뿐만 아니라 어떤 가상자산 생태계든, 많은 사람들이 참여한다는 것은 그만큼 신뢰가 올라간다는 것입니다. 그렇기에 참여자들의 증가는 해당 플랫폼에서 쓰이는 거버넌

스 토큰(참여 보상책)의 가치 상승으로 이어지는 것이죠.

기타 가상자산 정보처

국내 블록체인 · 가상자산 뉴스

www.coindeskkorea.com
www.joind.io
www.coincode.kr
www.blockmedia.co.kr
www.decenter.kr

해외 블록체인 · 가상자산 뉴스

www.cryptopanic.com
www.bloomberg.com/crypto
www.cointelegraph.com

상장기업 비트코인 보유량

www.buybitcoinworldwide.com/treasuries

코린이 노트

그레이스케일사 펀드의 포트폴리오를 투자에 참고할 수 있다. 디파이라마를 통해 유망한 디파이 프로젝트들을 발굴할 수 있다.

코린이가
무작정 따라할 수 있는
매매의 기술
8가지

패턴이
무엇인가요?

　유튜브 채널을 운영하다 보면 매수와 매도 포지션을 묻는 사람들을 자주 만납니다. 하지만 그런 질문은 무의미합니다. 매수와 매도에 대한 판단은 투자 스타일에 따라 각자의 시각으로 진행되어야 하기 때문입니다. 사람마다 가지고 있는 가상자산 시장에 대한 생각, 상황판단, 시장 참여자로서 느끼는 시장의 분위기에 대한 감각, 총자산의 현황 등 모든 것이 다르기에 매수와 매도 포지션만 따라해선 의미가 없습니다. 그래서 타인의 포트폴리오를 따라하는 것이 아닌 각자에게 알맞다고 생각되는 투자 방법을 찾는 것이 매우 중요합니다.

　어떤 투자 방법이건 매매 판단을 하는 데 있어서 기초가 되는 것은 역시 차트입니다. 앞서 차트 분석에 대해 설명하며 차트를 파악하는 데 가장 기본이 되는 '레인지 트레이딩'에 대해서 설명해드린 바 있는데요. 고점과 고점, 저점과 저점을 연결하는 선을 긋고 오르고 내리는 자산 가격의 향방을 맞추는 방법이라고 말씀드렸습니다.

'패턴(Pattern)'이란 그래프의 상하 반복보다 조금 더 복잡한, 과거의 차트 가격이 만들어놓은 특정한 패턴을 파악해 매매하는 방식입니다. 이 방법 역시 저자가 즐겨 사용하고 있죠.

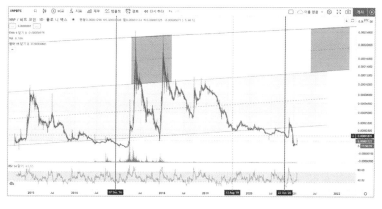

XRPBTC 차트

차트는 누군가 의도적으로 그려놓고 반복하는 것처럼 비슷한 패턴이 반복되곤 합니다. 리플(XRP)은 급등이 나오기 전 항상 크게 아래로 흘러주는 패턴이 나왔습니다. 현재 보고 계신 차트에서 만약 리플이 한 번 더 큰 상승이 나오면서 보라색 부근까지 터치할 것이라고 예상을 하고 매수를 한다면 패턴 트레이딩에 입

BTC 도미넌스 차트

각한 매매 방법이 될 것입니다.

앞서 살펴봤던대로 BTC 도미넌스 차트란 비트코인이 전체 가상자산 시가총액에서 차지하는 비율을 나타냅니다. 알트코인 대비 비트코인의 시장점유율이 내려가면 도미넌스는 내려가죠.

2017년 3월 BTC 도미넌스 지수가 밑으로 크게 하락하면서, 알트코인 불장이 오게 되었습니다. 당시에는 비트코인이 하락하고 알트코인은 연일 크게 상승했습니다. 그렇다면 최근 있었던 2021년 초 도미넌스 차트는 어떻게 흘러갔을까요? 역시 2017년 3월 당시와 비슷한 패턴으로 흘러가게 됩니다. 그래서 2021년 1월부터 3월까지 알트 시즌이 왔던 거죠. 상당히 비슷한 패턴으로 시장이 흘러갔다는 것을 볼 수 있습니다.

시장이 늘 비슷하게 흘러가지는 않습니다. 하지만 반감기 이후 급격한 상승이 나왔다는 점, 비트장과 알트장이 반복된다는 점 역시 거시적 관점에서의 패턴이라고 할 수 있겠습니다.

알트코인 순환매 상승 장세에서의 패턴 역시 비슷한데요. 시가총액이 큰 자산이 상승하기 시작하면 다른 종류의 자산들도 상승하기 시작하고, 같은 테마로 묶을 수 있는 코인 중 하나가 크게 상승하기 시작하면 해당 테마의 코인들이 상승하기 시작합니다. 패턴 트레이딩 역시 100% 승률은 있을 수 없기 때문에 참고용으로 활용하시길 바라겠습니다.

코린이 노트

차트의 과거 기록을 분석해보면 일정한 패턴이 있는데, 계속해서 비슷한 패턴의 상승과 하락을 만드는 자산이 많다. 특히 도미넌스 차트는 과거의 모습과 매우 비슷하게 진행되고 있다.

포지션 트레이딩이
무엇인가요?

'포지션(Position)'이란 상승장과 하락장, 비트장과 알트장과 같은 투자시장의 각종 상황에 맞춰 투자자가 취해야 할 투자 자산과 투자 비율의 형태를 미리 옵션으로 정해놓고 그것을 이행하는 기술을 가리킵니다. 흔히 상승 추세에서 매도 포지션을 잡고 하락 추세에서 매수 포지션을 잡는다는 얘기를 들어보셨을 겁니다. '상승 추세'라는 투자시장의 상황에 맞춰 '매수'라는 옵션을 정해두고 이를 그대로 이행했으니 이는 '포지션 트레이딩'을 한 것이 됩니다.

이러한 방식의 투자를 하는 이들은 비교적 장기투자를 하게 됩니다. 그 기간은 몇 개월부터 몇 년까지 다양합니다. 또한 자신이 미리 정해놓은 투자시장의 상황 외에 다른 잡음은 최대한 신경 쓰지 않습니다.

한편 가격이 올라갈 때 매수하고 내려갈 때 매도하는 것은 포지션 트레이딩의 기본 원칙이기도 합니다. 포지션을 잡는다는 말의 진짜 의미는 그때그때 시장의 분위기에 휩쓸리지 않고 '오른 종목은 내리고 내린 종목은 오른다'는 원리에 입각해 한 발 더 앞서 기계적으로 매수와 매도를 실행한다는 데에 있기 때문이죠.

가상자산 투자시장에 적용해 예를 들어보겠습니다. 비트코인이나 이더리움 등 관심이 가는 가상자산들 몇 가지만을 자신의 매매 종목으로 고정해놓습니다. 그리고 가격이 내려가는 종목을 조금씩 매수합니다. 자산이 오르기 시작하면 조금씩 매도합니다. 이를 반복하게 되면 서서히 투자금이 커지는 것을 확인할 수 있습니다.

가상자산은 큰 폭으로 상승하고, 큰 폭으로 하락하는 만큼 시황에 따른 포지션을 잘 잡아야 합니다. 시장 참여자들이 열광하고 환희에 휩싸여 있을 때 매수를 하기보다는 시장참여자들의 관심이 사라지고 공포 구간에 있을 때 조금씩 매수를 해야 합니다. 가격이 내려갈수록 자신의 평균 매입 단가도 낮추어 상승까지 기다리는 것이 좋습니다.

지난 비트코인 반감기가 2020년 5월이었고, 2020년 하반기부터 비트코인 장기 상승사이클이 시작되었는데요. 돌아보면 가장 좋은 포지션을 잡을 수 있는 시기는 2019~2020년이었으며 이때 조금씩 분할 매수하여 모아야 했었다는 걸 알 수 있습니다. 이때 매수 포지션을 잡았던 분들은 지금 부자가 됐겠죠.

한 마디 더 드리자면 많은 분들이 장기투자를 염두하지 않고 투자를 시작했다가 매수 가격보다 가격이 더 내려가서 강제로 버티며 장기투자를 하고 계십니다. 그러나 이것은 장기투자가 아닌 '강제 존버'이기 때문에 장기투자자의 모습이라 볼 수는 없습니다. 장기투자자가 되는 것은 생각한 것보다 훨씬 힘든 길이 될 수 있음을 아셨으면 합니다.

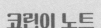

코린이 노트

가상자산은 한 포지션을 길게 가지고 있는 것이 성공에 유리하다.

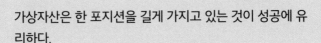

단타는
어떻게 하는 건가요?

저자는 단타에 의한 매매를 좋아하지 않습니다. 다만 가상자산 가격은 하루에도 등락 폭이 크게 벌어지기에 많은 분들이 단타로 수익을 내고 있는 것도 사실이죠. 여기서는 매매 주기에 따른 단타의 종류와 그 매매법을 수행하기 위한 기본적인 개념에 대해 알려드리겠습니다.

1. 스캘핑

스캘핑(Scalping)은 금융시장에서 하루에 수십 번, 수백 번 이상씩 분·초 단위로 거래를 하며 아주 적은 단기 차익을 얻는 초단타 매매 기법입니다. 주로 거래량이 많고 가격 변화가 빠른 종목으로 진행됩니다. 특히 20배, 50배, 100배 등 마진 거래를 하시는 트레이더 분들이 자주 사용하는 방법입니다. 마진거래의 경우 순식간에 담보 금액을 청산당할 수 있기 때문에, 짧게짧게 이익 실현과 포지션 잡기를 반복합니다.

스캘핑을 정말 잘하는 사람들도 존재합니다. 가상자산 시장에서도 전설적인 이야기들이 많이 들리는데요. 여러 기술적 분석들을 바탕으로, 단기 패턴을 예상하여 이익을 냅니다. 많은 투자자들이 처음 시작할 때는 스캘핑으로 도전해보는 경우가 많습니다. 왜냐하면 가파른 상승세에 잠깐 매수한 후 팔면 쉽게 돈을 벌 수 있으리라는 생각이 들기 때문입니다.

실제로 처음 투자할 때 흔히 말하는 '초심자의 행운'으로 단타에서 몇 퍼센트 이익을 보는 경우가 있습니다. 그래서 계속 이렇게 단타만 해도 부자가 되겠다고 생각들을 많이 하지요. 하지만 막상 해보면 몇 번 돈을 벌다가도, 한 번의 실패로 벌었던 돈을 다 잃게 되는 경우가 많습니다.

스캘핑의 승률이 아무리 좋더라도 100% 익절하기는 힘들고, 한 번이라도 실패할 때 오는 리스크 관리에 대한 심리적 압박이 굉장히 심합니다. 스캘핑은 이익을 보고 매도하는 익절과, 손해를 보고 매도하는 손절을 반복하면서 익절 금액과 승률을 높여나가는 것인데, 생각보다 굉장히 힘든 트레이딩 방법입니다.

그래서 일반적으로 많은 투자자들이 이 방법으로 큰돈을 벌긴 커녕, 많은 돈과 노력을 날리게 됩니다. 하지만 저자에게는 잘 맞지 않았던 방법이었어도 또 맞는 분들은 잘하시기 때문에 소액으로라도 한번 도전해보시고 판단해보시기 바랍니다.

2. 데이트레이딩

데이트레이딩(Day Trading)은 매수한 당일 내로 매도하여 차익을 얻는 매매기법으로 당일 매매라고도 합니다. 당연히 상대적으로 가격 변동폭이 큰 종목에서 해야 유의미한 수익을 낼 수 있겠죠?

데이트레이딩은 개장시간이라는 기준을 두고 매매하는데, 가상자산 시장에서는 이 방법의 장점이 적습니다. 원래 주식시장에서 데이트레이딩은 변동성이 심한 오전 9시와 장마감 직전 14~15시 정도를 이용합니다. 다음날 장초에 큰 변동성으로 손실을 볼 가능성을 염두해 개발된 투자 기법이죠. 24시간 진행되는 가상자산 투자시장에서는 이점이 있기보다는, 핸디캡을 두고 매매를 하게 된다는 생각이 들어서 굳이 추천드리지 않습니다.

3. 스윙트레이딩

스윙트레이딩(Swing Trading)은 투자 시장에서 자산의 가격변동 주기에 따른 이익을 내기 위해 자산을 하루에서 며칠 정도 보유하는 투자 활동입니다. 가격이 저렴하다고 생각될 때, 매수한 후 조금 올라왔다고 생각될 때 매도하는 매우 일반적인 방법이죠.

스윙트레이딩과 앞서 설명한 스캘핑을 함께 진행하는 사람들이 많습니다. 스캘핑과 마찬가지로 스윙트레이딩 역시 익절과 손절을 반복하며 승률을 높이는 형태로 이익을 취하는데요. 앞서 살펴봤던 스캘핑과 같이 스윙트레이딩 역시 9번의 익절을 하더라도 1번의 손절로 이익 분을 시장에 반납하는 경우가 많습니다. 또한 그날그날의 가격 흐름에 대해 늘 보고 있어야 하기 때문에 스캘핑만큼은 아니지만 많은 시간을 투자에 할애해야 합니다.

주의할 사항으로는 스윙트레이딩을 진행하다 매도 시점을 놓쳤다고 막연히 투자금을 넣어두면 안 된다는 점입니다. 이런 경험을 하는 투자자들이 굉장히 많습니다. 본인이 스윙트레이딩을 하기로 마음먹었다면 손절과 익절에 대한 기준이 분명해야 합니다. 대부분 초보 스윙트레이더들은 익절을 못해서 이익이 커지는 경우는 적지만 손절을 놓쳐서 손해가 커지는 경우는 굉장히 많습니다.

간혹 가다가 스윙트레이더로 성공하고 있지 않음에도 불구하고, 스스로 성공하고 있다고 착각하는 경우가 있습니다. 시장이 상승장일 때는 대충 매수와 매도를 해도 대부분 성공적으로 이익이 나는 경우가 많습니다. 코린이 분들은 이것에 대해 실력이라고 착각하는 경우가 생기는데, 이건 시장이 가파르게 우상향하기 때문에 일어나는 일이지 실력이라고 보기 힘든 부분이 있어 객관적으로 잘 판단해야 할 것입니다.

초기 투자금액으로 몽땅 비트코인을 매수했다 가정했을 때의 이익을 트레이딩이 끝난 후의 이익과 한번 비교해보면 좋겠습니다. 트레이딩을 한 것보다, 트레이딩을 안 하고 그냥 비트코인으로 들고 있었던 것이 보유 금액이 더 늘어나 있을 것이라면, 어렵게 트레이딩 할 이유 없이 그냥 비트코인을 사서 가만히 들고 있었던 게 나았던 것입니다.

스윙트레이딩으로 성공하기 위해서는 본인만의 정확한 기준이 있어야 하고 그 기준을 정확히 지켜나가는 연습이 필요합니다. 이 트레이딩 방법도 소액으로 시도해보시고, 장기적으로 포지션을 잡고 기다리는 것과 비교했을 때 무엇이 나을지 비교해보시기 바랍니다.

코린이 노트

단타는 매매주기에 따라 스캘핑, 데이트레이딩, 스윙트레이딩으로 나뉜다.

추세를 보고 매매해도 되나요?

지금까지 시장의 추세에 대해서 언급할 때 '추세를 보고 따라 가는 것이 아닌 추세를 예측해 매매를 하라'라고 말씀드렸습니다. 하지만 다양한 투자법 중에는 이러한 추세를 따라가는 매매법도 있는데요. 이에 대해 설명드리겠습니다.

1. 추세 트레이딩

트렌드를 쫓아 매매를 하는 방식으로 가격이 상승하고 있는 자 산은 상승 추세가 지속될 것이라고 전제하여 인기 있는 자산을 사 고, 인기 없는 자산은 파는 방법입니다. 추세 매매의 근거들을 알아 두면 단기적 가격 흐름 예상에 좋은 점이 있습니다.

전 고점을 돌파하는 지점, 저항선을 강하게 돌파하는 지점에서는 단기적 상승을 예상할 수 있습니다. 반대로 전 고점을 돌파하지 못하거나, 저항선에 여러 번 막혀 뚫지 못한 지점에서는 단기적 하락을 예상할 수 있습니다.

기술적 분석을 통해 추세를 단기적으로만 따라가면 유의미한 수익을 얻을 수도 있지만, 주관이 많이 들어가고 가치투자와는 성격이 다르다보니 이것에 완전히 의존하게 되면 큰 수익을 내기에는 어려운 부분이 있습니다. 가격 흐름이 우상향할 것이 확실하다고 판단되는 자산에서만 이 트레이딩 법을 참고하시는 게 좋습니다.

2. 역추세 트레이딩

가격이 지속적으로 상승하고 있을 때 단기적으로 하락하는 순간이 있을 것, 혹은 가격이 지속적으로 하락하고 있을 때 단기적으로 상승하는 순간이 있을 것이라는 전제 하에 추세와 반대되는 포지션을 구축하는 매매 방식입니다.

상승이 지속되다 보면 '숏 포지션'으로 하락에 베팅하는 사람들이 많아지고, 하락이 지속되다 보면 '롱 포지션'으로 상승에 베팅하는 사람들이 많아집니다. 이것이 역추세 트레이딩의 예입니다. 하지만 '상승이 지속되고 있다'라는 말은 상당히 주관적입니다. 일봉 기준으로 4번 연속으로 상승하면 이것은 지속 상승으로 볼 것인가요? 아니면 8번 연속으로 상승하면 이것은 지속 상승으로 볼 것인가요?

아니면 1분봉 기준으로 30회 연속 상승하면 이건 상승이 지속되고 있는 것인가요? 30회 연속 상승이라고 하더라도, 31회 째에 상승할지 하락할지는 앞 사건과 별개의 변수입니다. 그렇기 때문에 상승이 '지속되고 있다'라는 것에 대한 생각은 지극히 판단하는 사람의 주관일 뿐이라 말할 수 있습니다.

투자는 철저한 이성의 영역입니다. 감정의 영역을 이성으로 죽일 수 있어야 좋은 투자자가 될 수 있습니다. 그러나 역추세 트레이딩은 주관이 크게 개입하기에 감정을 누르기 어려운 투자 방법입니다. 역추세 트레이딩을 위한 판단 지표로 RSI 등을 활용할 수 있겠지만, 실패 확률이 높은 전략이라고 생각합니다.

코린이 노트

추세 트레이딩은 투자자 개인의 주관이 많이 개입되어 성공으로 이어지기 쉽지 않은 투자기법이다.

좋은 투자 방법을
알려주시면 안 될까요?

투자로 돈을 벌기 위해서는 앞에 나온 트레이딩 방법 중 자신에게 맞는 방법을 하나 택해야 하는데요. 투자에는 정답이 없습니다. 큰 수익을 낼 수 있다면 그것이 본인에게 가장 적합한 방법이겠지요. 하지만 저자가 사용하는 투자 방법은 일반인 개미 투자자들, 특히 직장인들이 실천하기 좋은 방법입니다.

저자 역시 하루 10시간 근로를 하며 투자 자체에 가용할 수 있는 시간이 없는 시기가 있었지만 그런 상황에서도 마음 편하게 투자할 수 있는 방법은 이것이었습니다. 저자가 사용하는 방법은 다음과 같으며, 이를 한 단계씩 풀어서 설명드리겠습니다.

① 단기 사이클과 장기 사이클을 살핀다.

② 투자를 결정한 자산의 비즈니스를 조사하고 가치를 평가한다.

③ 레인지 트레이딩 분석법으로 차트를 분석한다.

④ 해당 자산의 가격 움직임 패턴을 살펴본다.

⑤ 매수 포지션을 잡고 상승할 때까지 기다린다.

1. 단기 사이클과 장기 사이클을 살핀다

가상자산 투자시장에서 장기 사이클이란 비트코인 4년 사이클을 말합니다. 장기 사이클 안에서 현재 상황이 하락장인지 상승장인지를 우선 살피고, 하락장이라면 BTC 도미넌스를 살피면서 비트코인과 알트코인 중에 더욱 약세장인 것을 매수 선택합니다.

즉 비트코인이 더 크게 하락한 경우엔 비트코인을 매수, 알트코인이 더 크게 하락한 경우에는 알트코인을 매수하는 방식입니다. 강세장이 오기 전에 더 많이 떨어진 코인을 매수해놓는 포지션 트레이딩의 일종입니다. 상승장일 경우 역시 마찬가지로 BTC 도미넌스를 살피고, 기존에 비트코인의 시장 지배력이 얼마나 많이 올라왔는지, 과거 패턴은 어땠는지를 살펴보면서 덜 올라간 것을 미리 사둡니다.

2. 투자를 결정한 자산의 비즈니스를 조사하고 가치를 평가한다 ———●

자산을 발행한 회사가 어떤 곳이고, 실체가 있는 곳인지를 파악합니다. 앞서 살펴본 쟁글 사이트에서 공시들을 살피고, 실제로 제대로 프로젝트가 진행되고 있는지 살펴봅니다. 또한 플립사이드크립토에서 검색하여 코인 등급이 상위에 랭크되어 있는지를 살펴봅니다.

또한 해당 코인이 믿을 수 있는 기업에서 발행된 것인지, 그 기업의 실체가 있는 것인지, 호재 뉴스들은 진짜인지 인터넷 검색을 통해 확인합니다. 실제로 코인 투자를 하다보면 실체가 없는 코인들도 정말 많습니다. 사무실 위치부터 의심되는 프로젝트들이 많이 있는데요. 그러다보니 눈뜨고 당하는 경우가 발생합니다. 그래서 코인 자체에 대한 공부와 발행 회사에 대한 조사는 제대로 이루어져야 합니다. 추가적으로 블록체인 내에서 어떤 비전을 가지고 있는지 살피고 경쟁 업체와의 시장 우위는 어느 정도인지 비교분석 합니다.

유망한 코인 투자처를 발굴하기가 쉽지는 않습니다. 그럴듯한 소개로 개미들을 꼬시는 사기 코인인 경우도 많기 때문에 정말 다양한 부분을 검토해보아야 하죠. 막막하신 분들도 있을 겁니다. 만약 알트코인에 대해 제대로 공부해볼 여력이 안 되신다면 비트코인만이라도 제대로 공부하고 비트코인 매수와 매도만 하더라도 충분히 기회를 잡을 수 있습니다.

2012년~현재 삼성전자 차트

　　해당 자산의 차트를 월봉 혹은 주봉으로 보며, 저점과 저점을 잇고 고점과 고점을 이어 채널(박스권)을 만듭니다. 그리고 두 선 사이 중간에 평행하게 점선을 긋습니다. 위 차트에도 표시되어 있지요. 이러면 채널이 상단과 하단으로 나뉘게 됩니다.

　　현재 가격이 채널의 점선 하단에 위치해있는지 확인합니다. 만약 하단에 있고 해당 자산이 향후 생존하여 제 역할을 할 수 있는 코인이라면, 저평가되어 있는 코인인 것입니다.

　　참고로 현재 보고 있는 삼성전자의 차트에서는 현재 가격이 채널 상단에 있기 때문에 레인지 트레이딩 분석법을 기준으로 하자면 고평가 영역에 있는 자산이라 할 수 있습니다. 때문에 매수하지 않고 채널 하단으로 내려온 다음 자산을 매수해야 합니다.

4. 해당 자산의 가격 움직임 패턴을 살펴본다

2012년~현재 비트코인 차트

2012년~현재 이더리움 차트

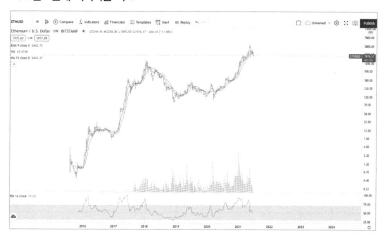

안정감 있게 우상향 하는 코인이 가장 마음 편하게 투자 가능한 코인입니다. 앞의 차트처럼 비트코인이이나 이더리움은 꾸준히 우상향하는 편이지만, 리플 같은 경우에는 가격이 상승할 때에만 한 번 오르고 원래대로 돌아오는 경향이 있었습니다. 코린이 분들에게는 점진적으로 우상향하는 코인에 투자하시는 것을 권하고 싶습니다.

5. 매수 포지션을 잡고 상승할 때까지 기다린다 ————————•

포지션을 잡으면 기다립니다. 기다리는 것에도 트레이닝이 필요합니다. 많은 투자자들이 실수하게 되는 때는 본인이 가지고 있는 자산은 상승하지 않는데, 다른 자산이 상승하는 것을 보며 '상대적 박탈감'을 느낄 때입니다. 왜냐하면 이 상대적 박탈감은 이성과 계산에 따른 투자를 하는 것을 방해하기 때문입니다. 상대적 박탈감을 이겨내는 것은 장기투자자에게 있어서 중요한 자질입니다.

코린이 노트

투자할 종목을 찾았다면 사이클을 살핀 뒤 자산과 기업에 대해 공부하고 차트와 패턴을 고려하여 진입한 뒤 포지션을 잡고 상승을 기다린다.

장기투자는
어떻게 해야 할까요?

대부분의 코린이 분들은 '무엇에' 투자하는지에 관한 문제에만 집중합니다. 하지만 정말 중요한 것은 '어떻게' 투자하는지 입니다. 트레이딩 방법을 정하고, 계획하고, 기준대로 매매하는 것이 투자에서 가장 중요합니다.

누차 말씀드리지만 비트코인 차트는 계속 우상향을 했습니다. 그냥 우상향이 아니라, 엄청 가파른 우상향입니다. 2017년부터 투자한 사람은 가만히 두기만 했으면 4000%의 엄청난 수익을 얻을 수 있었습니다. 그런데 왜 비트코인으로 패가망신한 사람들이 생겨난 것일까요? 왜 계속 오르기만 하는데 수익을 내지 못했을까요? 다른 말을 할 필요 없이 이 사실만 봐도 매수와 매도를 반복하는 단타는 쉽지 않다는 걸 알 수 있습니다.

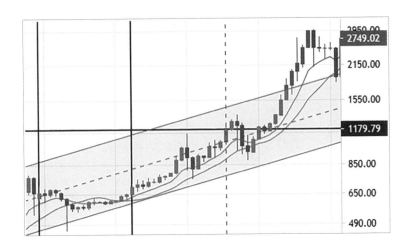

만약 비트코인 투자자라면 위 차트의 끝부분처럼 30% 하락이 나왔을 때 어떤 생각이 들었을까요? 본인이 들고 있는 자산이 3분의 2토막 난 상황입니다. 굉장히 무서운 생각이 들게 될 겁니다. 그래서 대부분의 투자자들은 겁에 질려 매도를 하게 됩니다. 그런데 그 후에는 다음처럼 급등이 나오며 큰 폭으로 상승하였습니다.

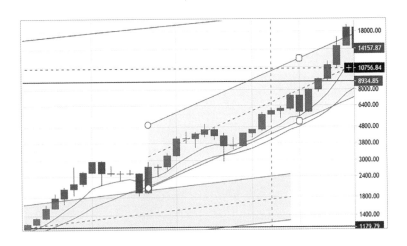

큰 하락이 있고 나서 바로 큰 상승이 이어진 겁니다. 그 큰 상승이 30% 하락을 매우고, 추가 급등으로 이어졌습니다. 그리고 그 후 9배 정도의 상승을 했습니다. 이것이 투자의 어려움입니다. 한치 앞도 알 수 없기 때문에 겁먹고 매도를 선택하면 무섭게 가격이 올라가고 그걸 따라서 사게 되면 무섭게 가격이 떨어지는 것이지요.

물론 반대의 경우도 많기 때문에 더더욱 어렵습니다. 모든 자산의 가격이 Up&Down 을 반복하지만 그 과정 속에서 잘못된 선택을 반복시키는 건 바로 환희와 두려움입니다.

분명 환희에 차있던 상황에서 다음날 큰 하락을 맞았습니다. 어떤 생각이 들까요? 대부분의 일반 투자자들 심리는 '지금이라도 번 돈을 빼서 두고 보자'라는 방식으로 흐르게 됩니다.

그렇지만 다음날 급등이 일어나게 됩니다. 두고 보기로 했으니 두고 보는데 가격은 계속 올라갑니다. 그러다 참지 못하고 추격 매수를 하였는데, 그 다음날은 크게 하락합니다. 2016~2017년도에 비트코인 투자를 하며 돈을 잃은 사람들은 이렇게 잃게 된 것입니다.

그렇다면 그렇게 잃은 시점에서 그냥 그대로 계속 포지션을 잡고 버틴 사람은 어떻게 되었을까요?

2만 달러 근처였던 비트코인은 3,500달러까지 내려가게 됩니다. 많은 사람들이 환희에 찬 상태로 매수 포지션에 들어가고 하락 사이클을 맞이하게 되었던 것입니다. 모든 자산의 사이클은 끝날 때 가장 많은 거래량과 상승률을 수반하는데 그 순간에 가장 많은 사람들이 몰려오고 종국엔 가장 많은 사람들의 돈이 사라지게 되는 것이죠.

이래서 투자에서 본인만의 기준을 갖는 것이 매우 중요한 겁니다. 투자의 기준이 있고, 명확하게 그것을 지킬 수 있다면 상황에 맞는 트레이딩을 할 수 있습니다. 다만 대부분의 사람들은 정말 뛰어난 직감을 가진 극소수의 트레이더가 아님에도 불구하고 계획 없이 단기 트레이딩에 도전하길 반복합니다. 그리고 원치 않는 장기투자자(존버 투자자)가 되길 반복합니다.

정말 좋은 투자 기회를 만났음에도 불구하고 이런 번뇌들이 큰 기회를 놓치게 만듭니다. 투자를 시작하기 전에 갖춰야하는 것은 본인의 투자스타일과 철학입니다. 독자님의 투자스타일은 어떤 것인가요? 단기투자자인가요? 트레이더인가요? 아니면 가치투자자인가요? 그냥 일단 사놓고 오르기를 기대하는 투자자인가요?

이러한 것들을 종합적으로 판단하며 본인에게 무엇이 맞을지 선택해야 합니다. 저자는 포지션을 잡고 장기투자를 하는 것을 선호합니다. 왜냐하면 단기성 트레이딩보다 장기투자가 훨씬 더 큰 수익을 준다고 스스로 결론을 냈고 결과가 나왔기 때문입니다.

코린이 노트

투자에서 성공하는 가장 만만한 방법은 우상향하는 자산에 장기투자하는 것이다. 단기적으로 자산이 언제 오를지를 예측하는 것은 생각보다 훨씬 어렵다.

디파이,
시작해도 될까요?

　　디파이는 이제 막 생겨난 분야이고, 워낙 말도 많고 탈도 많
기 때문에 최대한 보수적으로 접근하시는 것을 권고드리고 싶습
니다. 여기서는 저자가 하고 있는 디파이 서비스를 소개해드리겠
습니다. 2020년 11월 국내 블록체인 개발사 오지스가 클레이튼
기반의 디파이 서비스 클레이스왑을 발표했습니다. 클레이스왑은
외국 디파이 서비스인 유니스왑, 발란서 등을 참고해 만든 탈중앙
화 거래소의 클레이튼 버전으로 클레이튼을 기반으로 한 최초의
디파이 프로젝트입니다. 참고로 클레이튼은 카카오의 블록체인 자
회사 그라운드X에서 만든 프로젝트 코인입니다.

　　클레이스왑은 100% 스마트 계약 기반으로 작동됩니다. 오지
스는 KSP(KLAYswap Protocol)를 함께 출시했는데, 이 KSP 토큰

이 클레이스왑의 거버넌스 토큰이 됩니다. 투자자들은 클레이스왑에 유동성을 공급하여 클레이스왑 토큰을 얻을 수 있습니다. 클레이스왑이라는 탈중앙화 거래소에는 이용자가 코인들을 스왑할 때 교환해줄 코인이 있어야 하는데, 투자자들이 유동성을 공급하는 대가로(유동성 풀에 자신이 가지고 있는 코인을 예치) 거버넌스 토큰인 KSP를 보상받는 것입니다.

처음 접하시는 분들에게는 생소한 개념이기 때문에 어렵게 느껴질 수 있습니다. 쉽게 생각하면 기존의 가상자산 거래소를 배제하고 금융거래가 일어난다고 생각하면 이해하기가 쉽습니다. 중앙에서 가져가던 수수료와 마진을 참여자들에게 보상하는 형태가 되는 것입니다. 클레이스왑의 유동성 풀은 대표적으로 sKLAY-KLAY, kDAI-KLAY, kORC-KLAY, kETH-KLAY, kUSDT-kETH, kWBTC-kETH 등이 있습니다.

클레이스왑 외에도 업비트의 자회사 DXM이 2019년 8월부터 가상자산 예치 보상 및 대차 서비스를 진행했으며, 판테온X, 민트플렉스 등도 디파이 서비스를 시도했습니다. 국내에서는 정치권이 디파이(DeFi) 서비스를 규제하기 어려운 게 사실입니다. 그 이유 중 하나는 디파이가 작동하는 과정에 법정화폐가 개입되지 않기 때문입니다. 디파이는 순수하게 토큰 이코노미로 작동하며, 개인들 사이의 P2P 거래로 존속하죠. 따라서 이 거래 과정에 규제 기관이 개입할 여지가 많지 않습니다. 물론 고객신원 확인(KYC)을 한 거래소에 요청해, 거래소에서 오고간 주소를 기반으로 개인들을 특정하고 이를 통해 거래내역과 거래 상대방을 추적할 수는 있지만, 이것은 추후에 추적 가능할 뿐입니다. 그러다보니 특정한 종류의 거래를 막거나 거래 전에 신고하도록 하는 것은 불가능한 상황입니다.

금융위원회는 거래를 연결만 해주는 P2P 거래 플랫폼이나 플랫폼만 제공해주는 지갑업체 등은 규제 대상 사업자에서 제외했습니다. 앞으로도 디파이는 특정금융정보법의 규제 대상 외부에 존재하게 될 것이 유력한 상황입니다. 이는 위에서 언급한 기술적인 이유도 있지만 디파이 서비스가 아직 초기 시장이고 아직까지는 서비스 모델이 충분히 개발되고 정착되지 않았기 때문입니다.

아마도 가상자산 산업이 그랬던 것처럼, 디파이 서비스도 관련된 좋은 경험과 나쁜 경험들, 장점과 단점들이 난무하는 몇 번의 사이클을 돌고 난 후에야 실효성 있는 논의들이 가능해질 것으로 보입니다. 디파이 서비스는 아직 대중화되지 않았고 앞으로 가야할 길도 많습니다. 한국인터넷진흥원에서 내놓은 〈블록체인 기반 혁신금융 생태계 연구보고서〉에 따르면 2021~2022년을 디파이 생태계 조성기, 2023~2024년을 기술 고도화 및 사용자 저변 확대기, 2025~2026년을 제품간 융합 고도화기로 보아 단계별 달성 목표를 설정하고 있습니다.

현재는 2021년 후반 정도이고, 국내 대표적인 디파이 서비스는 카카오라는 시가총액 5위권 내의 대한민국을 대표하는 IT 기업의 자회사에서 진행하고 있습니다. 디파이가 미래 금융에 편입될 운명이고 아직 초기 단계라면 살아남을 디파이 서비스에 투자한 사람들은 어떤 미래를 살게 될지 저자도 궁금하고 설렙니다. 외국에도 우량한 디파이 서비스들이 많으나 저자는 클레이스왑이 리스크가 적다고 판단했고 이 서비스만 이용하고 있기에 여러분께도 말씀드리는 겁니다. QR코드 영상에서는 클레이스왑 예치 방법에 대해 상세하게 설명드리겠습니다.

해당 화면은 클레이스왑 홈페이지 첫 번째 화면입니다. 9억 3,000만 달러(1조 700억원)의 TVL(Total Value Locked)을 보이고 있습니다. TVL(Liquidity + KSP staked)라고 나와있는데요. 이것은 자산들의 유동성 제공과 스테이킹된 KSP 토큰을 합한 금액이라고 생각하시면 됩니다. 아직 디파이가 무엇인지 거의 알려지지 않았음에도 이 정도의 금액이 모인 거죠. 그리고 유동성 제공의 보상으로 거버넌스 토큰인 KSP를 제공하는데요. 2021년 10월 현 시점에선 12개월 예치 시에 68.11%의 이자를 제공한다고 적혀 있습니다. 더 빠르게 참여한 초기 투자자들에게는 지금보다 더 큰, 200% 이상의 보상을 하였었습니다.

당연히 디파이는 초기 단계이고 해결해야 할 과제가 많습니다. 이 때문에 알면서도 투자하지 못하는 사람들이 대부분입니다. 토큰으로 보상을 주는 것이기 때문에 KSP의 가치가 떨어지면 손실이 날 수도 있겠죠. 그리고 많은 사람들이 예치를 통해 채굴에 참여하면 이자율이 떨어질 수도 있습니다. 이런 점 때문에 불안해하는 투자자도 많습니다.

하지만 더 많은 사람들이 참여해 유동성 제공량과 스테이킹 된 KSP의 양이 늘어난다면, 더욱더 이 생태계의 가치는 올라가게 될 것이고 결국 KSP의 가격 상승으로 이어지게 될 것입니다. 그러면 연이자율이 감소하더라도, KSP의 가격이 그만큼 올라가기 때문에 이익을 볼 수 있습니다. 단순히 이자율이 감소한다고 해당 플랫폼의 가치가 떨어지는 것은 아니니 참고하기 바랍니다.

코린이 노트

디파이는 많은 시행착오를 겪을 것이지만 그 뒤에도 살아남는 디파이의 투자자는 큰 이득을 볼 수 있을 것이다.

코린이가 알면 좋은 가상자산 용어들을 정리해줄 수 있을까요?

레이어-2

레이어-2(Layer-2)는 블록체인 위에 덧씌워지는 독립형 처리 체계를 의미한다. 레이어-2 시스템을 구축하거나 사용하는 목적은 현재 기성 블록체인이 직면하고 있는 문제인 처리 속도 및 확장성을 해결하는 데 있다. 레이어-2 기능은 더 빠른 거래시간을 제공할 뿐만 아니라 채굴자와 사용자 모두에게 더 합리적인 수수료를 할당하게 만든다. 레이어-2를 사용하면 메인체인이 변경되지 않은 상태로, 메인체인과 완전히 독립적인 트랜잭션을 발생시킬 수 있다. 이는 네트워크의 보안을 저해시키지 않고도 빠른 트랜잭션을 촉진시키는 획기적인 방안이다.

랩드토큰

랩드토큰(Wrapped Token)은 다른 가상자산의 가치에 페깅(Pegging : 고정)되어 있는 가상자산 토큰을 말한다. 일종의 디지털 금고인 래퍼(Wrapper)에 페깅시킬 다른 블록체인 상의 가상자산을 넣어놓았기 때문에 그런 것이다. 랩드토큰은 서로 다른 블록체인 간의 상호연결성을 증가시키기도 한다. 블록체인은 경계가 분명한 시스템이기 때문에, 서로 다른 블록체인 간에 정보를 전달하는 좋은 방법이 존재하지 않는다. 하지만 페깅된 토큰은 기본적으로 각 체인을 넘나들 수 있게 된다.

51%의 공격

다수결을 통해 검증 여부의 합의를 도출하는 블록체인의 구조적 약점으로 제기되고 있는 문제다. 작업증명(PoW) 방식의 가상자산에서 코인을 채굴할 때, 특정 채굴 노드가 전체 네트워크에서 절반 이상의 해시파워를 갖고 있는 경우 이중지불과 같은 잘못된 거래내역을 옳다고 판정하여 장부를 조작할 수 있게 된다. 그러나 절반 이상의 해시파워를 가진 컴퓨터를 운용하는 데는 천문학적인 금액이 든다. 또한 블록체인의 데이터는 모두가 열람할 수 있기 때문에 이러한 공격이 진행되었다는 사실을 모두가 알 수 있게 된다. 이러면 사용자들이 이탈해 코인의 가치가 떨어질 수 있어 51%의 공격을 주도한 이는 이득보다 손해를 입기가 쉽기에 이론상으로 그치는 경우가 많다.

고객알기제도

고객알기제도(KYC· Know Your Customers)란 특정 금융기관이 자신들의 금융서비스가 자금세탁과 같은 불법행위에 이용되지 않도록 적극적으로 고객의 신원과 거래 목적을 확인하는 것을 말한다. 가상자산 투자 생태계에도 이런 고객알기제도가 점차 도입되고 있는데, 블록체인 기술과 결합되는 추세를 보이는 것이 특징이다.

블록

블록(Block)은 데이터를 저장하는 단위로, 바디(Body)와 헤더(Header)로 구분된다. 바디에는 거래내용이, 헤더에는 암호코드가 담겨 있다. 비트코인을 기준으로 블록은 약 10분을 주기로 생성되며, 거래기록을 끌어모아 블록을 만들어 신뢰성을 검증하면서 이전 블록에 연결하여 체인의 형태를 이룬다.

노드

블록체인은 중앙집중형 서버에 거래기록을 보관하지 않고 거래에 참여하는 개개인의 서버들이 모여 만든 네트워크에 거래기록을 넣어 유지한다. 이때 개개인의 서버, 즉 참여자를 노드(Node)라고 한다. 중앙 관리자가 없기 때문에 블록을 배포하는 노드의 역할이 중요하며, 참여하는 노드들 가운데 절반 이상의 동의가 있어야 새 블록이 생성된다. 노드들은 블록체인을 컴퓨터에 저장해놓고 있는데, 일부 노드가 해킹을 당해 기존 내용이 틀어지더라도 다수의 노드에게 데이터가 남아 있어 계속적으로 데이터를 보존할 수 있다. 블록체인 네트워크의 모든 거래 정보를 가지고 있으면 풀 노드, 일부만 가지고 있으면 라이트 노드라고 부른다.

하드포크와 소프트포크

포크(Fork)는 가상자산의 기반이 되는 블록체인을 업그레이드하는 기술이다. 본래 포크는 한 곳에서 분기가 발생하는 것을 뜻하는데 호환성 여부에 따라 소프트포크(Soft Fork)와 하드포크(Hard Fork)로 나뉜다. 소프트포크는 이전 버전과 호환 가능한 업그레이드를, 하드포크는 불가능한 업그레이드를 말한다. 하드포크를 적용하면 이전 버전의 블록체인을 사용할 수 없기 때문에 이전 버전에서 개발, 채굴하던 사용자의 다수가 업그레이드에 찬성해야 적용할 수 있다. 하지만 다수의 동의 없는 하드포크도 가능하다. 일례로 과거 비트코인 블록체인 네트워크에서 거래 처리 용량을 늘리는 업그레이드 방식을 놓고 비트코인 개발자들과 채굴자들이 대립한 바 있는데, 채굴자들의 주도 하에 하드포크로 비트코인 캐시(BCH)와 비트코인 골드(BTG)가 분리됐다.

블록체인 확장성

블록체인의 확장성(Scalability)이란 블록체인이 처리할 수 있는 거래 용량과 관련이 있는 것으로, '속도 비용'이라 할 수 있다. 블록체인은 네트워크 상에서 발생한 모든 거래 데이터를 모든 노드에 기록하는 구조로 돼 있다. 이에 아무리 많은 컴퓨터가 연결돼도 컴퓨팅 성능이 단일 노드에 묶여 있게 된다. 따라서 확장성에 있어 한계가 있고, 이를 해결해야 하는 것이 주요 과제가 되고 있다.

라이트닝 네트워크

라이트닝 네트워크(Lightning Network)란 비트코인의 기반 코드를 바꾸지 않고 네트워크에 추가로 층을 더해, 느린 거래 속도와 높은 전송 수수료를 해결하는 확장형 솔루션을 말한다. 라이트닝 네트워크는 수백, 수천 건 이상의 거래를 별도의 채널에서 처리한 후 그 결과만을 단 한 번의 블록체인에 기록하는 방식이기에 거래 속도와 수수료를 절감할 수 있다. 한편 라이덴 네트워크(Raiden Network)는 라이트닝 네트워크의 이더리움 버전을 지칭한다.

플라즈마

이더리움의 확장성 이슈를 개선하기 위해 제시된 것으로 블록체인 기록을 최소화하는 기술이다. 하나의 상위 블록체인이 모든 정보를 처리하던 방식에서 여러 개의 하위 블록체인으로 업무를 분배해 전체 네트워크의 과부화를 방지할 수 있도록 한 것이다.

샤딩

샤딩(Sharding)은 '조각'이라는 뜻으로, 한 곳에 저장돼 있던 데이터를 여러 샤드(수평 분할한 데이터베이스 테이블)에 중복 저장하거나 하나의 샤드에 저장하는 기술을 가리킨다.

세그윗

세그윗(Segwit)은 가상자산 거래량의 급증으로 처리 속도와 블록당 데이터의 크기가 커지는 문제를 해결하기 위해 마련된 방안 중 하나다. 데이터를 분리하여 블록체인의 외부에서 거래량의 일부를 처리하는 방법을 가리킨다.

중요도 증명

중요도 증명(POI: Proof Of Importance)이란 블록체인 네트워크에서 활동한 기여도가 클수록 많은 보상을 주는 방식을 말한다. 분배 알고리즘에는 채굴량에 따라 보상을 분배하는 작업증명이나 지분이 높은 참여자에게 보상을 주는 지분증명이 있는데 이와 달리 중요도 증명에서는 얼마나 많은 참여자와 거래를 했는지 등 활동량이 많을수록 큰 보상을 받게 된다.

유틸리티토큰과 시큐리티토큰

ICO를 통해 발행되는 토큰은 크게 유틸리티토큰(Utility Token)과 시큐리티

토큰(Security Token)으로 구분된다. 유틸리티토큰은 화폐적 성격이 강한 토큰으로 서비스나 상품 가치에 대한 권리의 이전, 저장 수단으로 쓰인다. 시큐리티토큰은 증권(Security)과 비슷하게 투자의 성격이 강한 토큰으로 지분에 대한 권리나 이익, 의결권 행사 등의 수단으로 쓰인다.

ICO

ICO(Initial Coin Offering : 신규 코인 공개)란 사업자가 블록체인 기반의 코인을 발행하고 이를 투자자들에게 판매해 자금을 확보하는 과정이다. 2017년도에 ICO 열풍이 불면서 큰 붐을 일으켰고 묻지마 투자 등이 이어지기도 했다. 그러나 2018년도 비트코인 하락이 나오며 많은 프로젝트가 실패하였다.

비트코인 수업, 코린이가 묻고 세력이 답하다

초판 1쇄 발행·2021년 10월 29일
초판 5쇄 발행·2022년 1월 20일

지은이·강기태(세력)
펴낸이·이종문(李從聞)
펴낸곳·(주)국일증권경제연구소

등   록·제406-2005-000029호
주   소·경기도 파주시 광인사길 121 파주출판문화정보산업단지(문발동)
영업부·Tel 031)955-6050 | Fax 031)955-6051
편집부·Tel 031)955-6070 | Fax 031)955-6071

평생전화번호·0502-237-9101~3

홈페이지·www.ekugil.com
블 로 그·blog.naver.com/kugilmedia
페이스북·www.facebook.com/kugilmedia
E-mail·kugil@ekugil.com

·값은 표지 뒷면에 표기되어 있습니다.
·잘못된 책은 구입하신 서점에서 바꿔드립니다.

ISBN 978-89-5782-192-3(03320)